한성백제

시간 여행자를 위한

친절한 안내서

김진호

도서출판
역사산책

추천사

권오영(서울대학교 국사학과 교수)

학계가 생산한 역사연구의 성과를 일방적으로 시민대중에게 주입하던 시기는 지났다. 전문 연구자가 아닌 일반 시민들도 다양한 경로를 통하여 역사 관련 자료에 접할 기회가 늘어났고, 해외여행의 기회가 비약적으로 증가하면서 유적 답사의 기회도 늘어났다. 이런 저런 경로를 통해 얻은 정보를 종합하여 인터넷에서 나름의 역사지식을 뽐내거나, 새로운 자료를 소개하는 경우도 자주 보인다. 역사연구 성과를 대중과 함께 향유한다는 대의를 고려하면 지극히 바람직한 현상이다. 이러한 추세는 앞으로도 더 강화될 것이다.

하지만 많은 긍정적 측면에도 불구하고 문제가 아주 없는 것은 아니다. 학문적인 객관성이 보장되지 않은 난폭한 주장이 횡행하는 경우를 종종 볼 수 있기 때문이다. 학계에서는 도저히 받아들일 수 없는 비논리적 주장이 광범위한 지지를 받는 현상을 보면서, 학계도 책임이 아주 없지는 않다고 생각한다. 일반 시민들이 궁금해 하는 주제가 아닌 연구자들의 입맛에 맞는 주제, 도대체 이런 연구가 왜 필요한지 알 수 없을 만큼 지나치게 세부적이고 전문적인 주제를 둘러싼 "그들만의 리그"가 반복되면서 역사에 관심이 높은 많은 시민들은 역사연구자들을 멀리하게 되었다.

그 틈을 메워줄 수 있는 인력은 역사소설가, 역사관련 드라마나 다큐멘터리 제작자, 지역에서 활동하는 문화유산 해설사 등 다양하다. 그

중에서도 미래의 역사향유집단인 중등학생들을 직접 교육하는 역사교사야말로 가장 중요한 존재이다. 학계가 생산해 낸 딱딱하고 재미없는 역사연구 성과에 재미와 감동을 더하여 학생들에게 전달해 주는 고리 역할을 하기 때문이다.

이 책의 필자인 김진호선생은 이러한 고리 역할을 누구보다도 열성적으로 추진하고 있다. 김선생을 처음 만난 때가 2000년 봄이었으니 이미 20년이 되어 간다. 그 사이에 우리 둘은 다양한 작업을 함께 해 나갔다. 중등 역사교육에서 과다하게 표출되는 국가주의의 문제점을 짚어 보거나, 고대의 고분, 성곽, 제방 등에 담겨져 있는 전통 과학기술 원리를 추출하는 작업이 대표적인 예이다. 2012년에 김진호 선생이 펴낸 "과학이 깃든 고대 고분"이란 책은 역사와 과학을 접목시키고, 학계와 청소년을 소통시키는 역사과학 여행이었다. 7년의 시간이 흘러 이번에 출판하는 이 책은 한성백제라고 하는 역사적 대상물을 대상으로 타임머신을 타고 올라가는 역사여행이다. 김진호선생의 학문적 역량이나 학생들에 대한 애정, 새로운 분야를 개척하려는 진취적 마인드를 고려할 때, 이 책을 통하여 여러분은 분명히 성공적인 시간여행을 떠날 수 있을 것이다.

| 차례 |

2,000년 전의 서울을 찾아가는 여행

   누구나 다 알만한 이야기겠지만 우리가 사는 이곳에는 시대마다 다른 사람들이 살고 있었습니다. 사람이 등장하기 전에는 또 다른 존재들이 살고 있었습니다. 그들의 흔적이 우리가 발 딛고 살고 있는 땅 속에 다양한 두께의 역사층으로 형성되어 있습니다. 다만 우리가 먹고 사는 문제에 바빠서 잊고 살 뿐입니다. 대한민국의 정치적 중심이자 경제, 문화의 중심지인 서울도 여러 시대의 흔적들이 쌓여 있습니다. 과거의 유적들은 옛 모습 그대로, 혹은 그때와는 달라진 모습으로 우리에게 나타납니다. 우리는 이런 과거의 유적들을 통해 우리 안에 있는 과거의 전통들을 기억하고 이를 우리의 정체성으로 삼고 살아갑니다.

   그렇다면 한 국가의 정치·경제·문화의 중심으로서 '서울'의 정체성은 언제부터 형성되었을까요? 아마 대부분의 사람들은 조선시대부터라고 생각할 것입니다. 실제로 1994년 서울시에서는 서울 정도(定都) 600주년 행사를 거창하게 했습니다. 하지만 서울시뿐만 아니라 전국이 들썩거릴 정도로 큰 행사의 한쪽에서 조용히 문제를 제기한 사람들이 있었습니다. 서울이 우리 역사의 수도가 된 것은 조선 왕조가 처음이 아니라 2,000년 전의 백제부터였다고 말입니다. 그러나 이벤트에 목말라 하던 서울시와 일반 시민들의 무관심 속에 이러한 주장은 커다란 호수에 떨어진 자갈 한 개 정도의 파문만 남기고 지나갔습니다. 결국 서울의 역사는 600년으로 축소되었고, 이후 계속된 대규모의 개발은 조선시대 이전의 유적들을 파괴하거나 파괴될 위험에 놓이게 만들었습니다.

하지만 백제부터 내려온 중심지로서 서울의 역사상을 복원하기 위해 역사연구자들을 비롯한 뜻있는 분들은 쉼 없이 노력했습니다. 이러한 노력은 개발로 파괴될 위기에 처했던 풍납토성의 재발견으로 연결되었습니다. 백제의 방어용 성 정도로 알려졌던 풍납토성의 본격적인 발굴로 백제 도성의 웅장함과 백제 도성 사람들의 화려한 생활 모습이 하나, 둘씩 드러났습니다. 사람들은 비로소 우리가 살고 있는 서울의 밑바닥에 고요히 가라앉아 있던 백제의 모습을 보게 된 것입니다.

하지만 풍납토성 이외에 다양한 한성시기 백제기의 문화유산들은 서울시의 개발 과정에서 제 모습을 찾기 어려울 정도로 파괴되었습니다. 또한 거대 도시 서울이라는 두껍게 칠해진 화장 밑으로 깊숙이 숨겨져 있는 것도 많습니다. 서울에 남아있는 백제의 유적들은 왜 이렇게 홀대를 받았을까요?

그동안 서울은 남보다 더 잘살기 위해 처절한 싸움을 벌이는 경쟁의 장이었습니다. 남보다 한 발이라도 더 앞서려는 노력은 빠른 경제 발전을 가져왔지만 뒤처지는 사람에 대한 배려는 물론 과거 유산의 전승은 생각도 하지 못했습니다. 다시 말하면 우리가 누구인가에 대한 진지한 물음에 답하지 않고 '오늘을 즐기자'에 몸과 정신을 맡긴 채 살아온 것입니다.

하지만 최근 풍요로운 사회의 안쪽에서 팍팍하고 빈곤한 개인의 모습을 발견하고 새로운 삶의 방향을 고민하는 사람들이 많아지고 있습니다. 이러한 고민이 역사 속에서 우리가 잃어버린 얼굴 중 하나인 백제인의 얼굴을 되찾자는 노력으로 발전하고 있습니다. 서울이 '사람 사는 곳'으로 변하기 위해서는 서울에 사는 사람들이 다양하고 풍부한 인간성을 가져야 합니다. 내 속에 다양하고 풍부한 인간성이 있어야 타인에 대한 이해도 넓어집니다. 한성 백제 시간여행은 백제인이라는 과거 사람들을 이해하는 여행입니다. 백제인의 넉넉한 마음과 타인을 이해하고 기꺼이 받아들이는 개방성이 서울시민뿐만 아니라 서울을 사랑하는 많은 사람들의 인간성을 더욱 풍부하게 해 줄 것으로 믿습니다.

제 1 장

백제에 대해서 우리가 알고 있다고 생각하는 것

제1장
백제에 대해서 우리가 알고 있다고 생각하는 것

고대 삼국 중에서 우리가 가장 눈길을 주지 않은 나라가 백제였습니다. 고구려는 비좁은 한반도를 벗어나 광활한 만주 벌판을 내달리는 우리 겨레의 웅혼한 기상으로 표현되어 중국과 일본이라는 강대국 사이에 분단된 섬으로 전락한 우리의 보잘 것 없는 모습을 대체해주는 꿈의 나라였습니다. 신라는 우리나라의 성골들(지금도 자신을 성골로 착각하는 사람들이 꽤 됩니다.)이 살고 있는 지역을 중심으로 성장한 찬란한 황금의 나라이자, 삼국통일의 대업을 달성한 성공의 나라였습니다. 그렇다면 우리는 백제를 어떤 모습으로 기억하고 있을까요? 대부분의 사람들은 사치와 향락에 빠진 무능한 왕의 통치로 약해졌다가 신라 삼국통일의 제물이 된 애잔한 나라로 기억하고 있습니다. 이러한 기억은 삼국통일 전쟁의 승자인 신라 편에서 기록된 『삼국사기』에서 시작되어 조선시대로 이어져 현재까지 내려옵니다. 이러한 인식의 가장 대표적인 사례가

〈낙화암 백화정〉(김진호) 낙화암 꼭대기 백화정에는 나라의 멸망에 함께 목숨을 바치는 여성을 절개와 지조로 칭송하는 모습이 아직 남아 있습니다.

〈부소산성 내 궁녀사〉(김진호) 궁녀사 앞 안내판에는 궁녀사에 대해서 적군에게 붙잡혀 몸을 더럽히지 않으려고 낙화암에서 꽃처럼 떨어진 궁녀들의 충절을 기리기 위해 1965년에 세운 사당이라고 적혀 있습니다.

'의자왕과 삼천궁녀' 이야기입니다.

건국부터 멸망까지 백제의 역사를 도읍에 따라 '한성 시기', '웅진 시기', '사비 시기'로 나눕니다. 백제를 건국한 온조왕에서 고구려의 침공으로 한강 유역을 잃고 웅진(지금의 공주)으로 천도한 문주왕 원년(475)까지 493년(BC18~AD475년) 간을 '한성 시기'라고 합니다. 기원전 18년에 건국되어 660년 나당연합군에 의해 사비성이 함락되어 백제가 멸망할 때까지 678년의 긴 역사 중에서 웅진과 사비를 수도로 했던 기간은 각각 63년, 122년에 불과합니다. 그러니 493년이라는 긴 기간 동안 수도였던 한성백제에 대해 알아야 진정한 백제의 모습을 찾을 수 있을 것입니다.

이전에 백제의 모습을 보기 위해 공주로, 부여로 간 사람들은 '만주 벌판 말달리던' 웅대한 고구려와 삼국 통일의 대업을 달성한 역사의 승자이자, 화려한 황금의 나라 신라 사이에서 망한 나라의 비애만 느끼고 지나갔습니다. 한국사에서 망한 나라가 한 둘이 아닌데 백제는 왜 최후만 부각되는 것일까요? 여러 가지 이유가 있겠지만 지금 웅진과 부여가 백제의 도성으로 강조된 것도 영향이 있을 것입니다.

다음은 1940년에 발표되어 지금까지 사랑받는 가요인 '꿈꾸는 백마 강'입니다. 백제의 멸망을 나그네의 시각으로 담아낸 처연한 이 노래의 가사는 나라를 잃은 식민지 체제의 고단한 현실을 은근히 그려내고 있습니다. 이러한 이유로 이 노래는 크게 히트하였고, 이를 두려워한 조선총독부가 발매 금지 조치를 취할 정도였습니다.[1]

꿈꾸는 백마강

백마강 달밤에 물새가 울어

잊어버린 옛날이 애달프구나

---

[1] 「미사의 노래와 가수 이인권의 삶, 이동순의 가요이야기 23」 (영남일보, 2008. 9. 2)

저어라 사공아 일엽편주 두둥실
낙화암 그늘에 울어나 보자

고란사 종소리 사무치면은
구곡간장 올올이 찢어지는 듯
누구라 알리요 백마강 탄식을
깨어진 달빛만 옛날 같으리

(임근식 작곡, 조명암 작사)

애절함으로 대변되는 백제에 대한 이러한 정서는 일제 강점기 한국인에게 커다란 위안을 주었지만 백제를 객관적으로 볼 수 없게 만든 부정적인 측면도 있습니다. 백제의 처음과 성장 과정, 그리고 최전성기의 모습을 보여줄 수 있는 한성 시기 백제의 유적과 유물이 알려진다면 자연스레 백제에 대한 인식에도 변화가 있을 것입니다. 첫 번째 장에서는 백제에 대해 우리가 잘 몰랐던 내용을 중심으로 백제의 본모습을 살펴보도록 합시다.

1. 백제의 시작

■ 백제의 건국 세력은 누구?

가까이는 1,500년 전, 멀리는 2,000년도 훨씬 전에 있었던 나라들에 대해서 우리가 자세하고 정확하게 알 수 있는 방법은 없습니다. 다만 지금까지 전해지는 기록들과 땅 속 혹은 땅 위에 있는 유적과 유물들을 연구하여 수천 년 전 과거의 모습을 그려볼 뿐입니다. 그나마 이러한 추정도 실제 과거의 모습과 얼마나 비슷한지 확인할 길은 없습니다. 그러니까 영화와 TV 드라마에서 대충대충 역사극을 만들어도 다들 그

러려니 하는 것입니다. 그나마 전해지는 역사책 속의 기록을 통해서
당시 상황을 어림해서 짐작할 수 있습니다.

삼국에 대한 기록으로는 우리 역사책으로 고려시대에 편찬된 『삼국
사기』와 『삼국유사』가 있고, 중국의 역사책에 한반도와 그 주변의 나라
들에 대한 기록이 있습니다. 그중 백제를 비롯한 삼국의 역사를 연구하
는 데 가장 중요한 문헌 자료는 고려시대 김부식이 편찬한 『삼국사기』
입니다. 『삼국사기』에 실린 백제의 건국 이야기를 볼까요?

온조왕의 아버지는 추모(鄒牟) 혹은 주몽(朱蒙)인데 이 사람은 난을
피하여 북부여에서 졸본부여에 이르렀다. 부여왕은 아들이 없고 딸이
셋 있었는데 주몽을 보자 비상한 사람임을 알고 둘째 딸을 그의 아내로
삼게 하였다. 얼마 지나지 않아 부여 왕이 죽자 주몽이 왕위를 이었다.
두 아들을 낳았는데 큰아들을 비류라 하고 둘째를 온조라고 불렀다. (혹
은 주몽이 졸본에 이르러 월군(越郡)의 딸에게 장가를 들어 두 아들을
낳았다고 한다.)

그런데 주몽이 북부여에 있을 때 낳은 아들이 와서 태자가 되므로 비류
와 온조는 태자에게 용납되지 못할 것을 두려워하여 오간(烏干), 마려(馬
黎) 등 열 명의 신하와 더불어 남쪽으로 떠나니 이를 따라 나서는 사람들
이 많았다. 드디어 한산에 이르러 북아악에 올라 살 만한 곳을 바라보았
다. 비류가 바닷가에 살고자 하니 열 명의 신하가 간하였으나 듣지 않고
백성을 나누어 미추홀로 가서 살았다. 온조는 강 남쪽 위례성에 도읍을
정하고 열 명의 신하를 보좌로 삼아 국호를 십제라고 하였는데 이때가
기원전 18년이다.[2]

---

2) 『삼국사기』 백제 본기 제1, 온조왕, 국사편찬위원회 한국사데이터베이스.

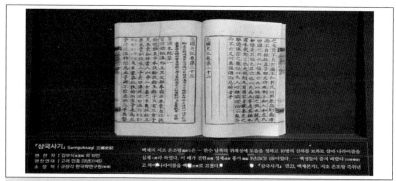

〈『삼국사기』 백제 본기에 있는 온조의 건국 기록〉(한성백제박물관, 김진호 촬영)

위의 기록을 통해 우리는 지금의 서울 지역에 백제를 건국한 세력이 북부여·고구려에서 남쪽으로 내려온 세력임을 추정할 수 있습니다. 『삼국사기』의 또 다른 기록에도 이와 비슷한 내용이 있습니다. "그(온조)의 조상은 고구려와 함께 부여에서 같이 나왔기 때문에 '부여'를 성씨로 삼았다."라는 기록은 백제 왕실의 성씨인 '부여'씨가 부여 계승 의식에서 비롯되었음을 보여주는 것입니다.

또한 5세기 개로왕이 중국 북위에 보낸 국서에도 부여 계승 의식을 보여주는 기록이 있습니다.

"저와 고구려는 조상이 모두 부여 출신이므로 선조 시대에는 고구려가 옛 정을 굳건히 존중하였는데, 그의 조상 쇠(고국원왕을 가리킴)가 경솔하게 우호 관계를 깨뜨리고 직접 군사를 거느려 우리 국경을 침범하여 왔습니다."[3]

특히 이 기록은 고구려와 백제가 모두 부여를 같은 조상으로 두고 있다는 의식을 갖고 있었는데 국가 발전 과정에서 친선 관계가 아닌

---

3) 『삼국사기』 백제 본기 제3 개로왕(蓋鹵王) 18년(472), 국사편찬위원회 한국사데이터베이스.

경쟁 관계로 변화되었음을 보여 줍니다. 『삼국사기』뿐 아니라 중국 측 기록에도 백제와 고구려가 같은 부여 계통임을 보여 주는 내용이 있습니다. "백제의 언어와 복장이 고구려와 같다", "백제의 왕실이 부여계였다", "백제국이 부여의 별종(別種)으로 마한의 옛 땅에 세워졌다" 등의 기록들은 백제의 건국 세력이 부여, 고구려와 관계가 있다는 점을 잘 보여 줍니다.

■ 온조와 비류는 친형제인가?

『삼국사기』의 기록에는 온조와 비류가 고구려를 세운 주몽과 졸본왕의 둘째 딸 사이에서 태어난 형제로 묘사되어 있습니다. 하지만 동생 온조를 중심으로 하는 백제 건국 이야기 뒤에 조그마한 글씨로 붙어있는 형 비류 이야기는 약간 다릅니다. 비류 이야기에서는 두 형제의 어머니가 소서노이고 친아버지는 우태(優台)입니다. 그리고 주몽은 우태가 죽은 후 과부가 된 소서노를 왕비로 삼아 온조와 비류의 양아버지가 됩니다. 그리고 소서노 세력이 주몽이 고구려를 세우는 데 도움을 주었습니다. 이처럼 같은 기록 속에 온조와 비류 두 형제의 친아버지를 다르게 쓰다니 뭔가 좀 이상하지 않습니까?

역사학자들이 이런 기록의 차이에 대해 설명하고자 애를 쓰고 있습니다. 가령 역사 기록이 사실을 그대로 기록했을 수도 있지만 상징적인 의미를 담은 기록도 있다는 사실에 비추어 온조와 비류가 진짜 주몽의 아들이라는 기록의 상징적인 의미를 해석하고자 했습니다. 즉 비류와 온조는 친형제라기보다는 각각 자신의 출신을 부여와 고구려라고 내세운 독자적인 정치 집단의 우두머리로 생각한 것입니다. 비류와 온조 모두 부여에서 갈라져 나와 고구려를 세운 주몽을 아버지로 표현한 것은 (비록 친부인지 양부인지 헷갈리지만) 백제 세력이 고구려와 어깨를 나란히 하는 국가라는 점을 과시하기 위해 후대에 만든 이야기라고 해석할 수 있습니다. 이 가설을 조금 더 확대해 봅시다.

비류와 온조 모두 부여에서 갈라져 온 세력인 것은 사실입니다. 다만 온조가 한강 유역에 거점을 둔 소국인 십제국을 건국하고, 비류는 미추홀(지금의 인천)에 비류국을 건설한 각각 독자적인 세력이었습니다. 이후 조그만 소국 단계의 십제국과 비류국이 통합되어 연맹왕국 단계의 백제국으로 발전한 것입니다.

그렇다면 십제국과 비류국 중에서 어느 나라가 백제국을 주도했을까요? 『삼국사기』기록이 온조를 중심으로 기록된 것을 보면 바로 정답을 알 수 있습니다. 기록을 보면 미추홀에 나라를 세운 비류는 미추홀의 땅이 습하고 물이 짜서 편히 살 수 없어, 그 신하와 백성들이 모두 온조의 위례성으로 흡수되었고, 비류는 미추홀에서 후회하다가 죽었다고 합니다. 이후 온조는 비류가 이끌었던 백성들을 모두 받아들여 나라의 이름을 십제국에서 백제국으로 바꾸었다고 합니다. 이 기록을 보면 십제국과 비류국의 통합에서 주도적인 위치를 차지한 것은 온조의 십제국임을 알 수 있습니다. 하지만 온조와 비류의 후손들은 서로 권력을 놓고 다투기보다는 모두 왕족으로서 이후 백제의 중심 세력으로서 권력을 행사했습니다.

■ **백제의 건국이야기에 신비한 이야기가 없는 이유는?**

백제의 건국 이야기에는 또 한 가지 재미있는 점이 있습니다. 건국 과정이 스펙타클하지도 판타스틱하지도 않은 너무 평범한 이야기라는 것입니다. 고구려와 신라는 나라를 세운 건국 시조를 하늘에서 내려온 천신의 아들, 알에서 깨어난 신비한 존재로 묘사하고 있습니다. 이렇게 신비한 탄생과 극적인 영웅담이 얽힌 신화는 다른 나라에서도 쉽게 찾아볼 수 있습니다. 나라마다 전해지는 이런 신화는 어떻게 해석해야 할까요?

〈우정사업본부에서 발행한 우리나라 역사 인물 기념우표〉 왼쪽이 고구려 주몽의 탄생과 건국이야기를 담은 우표이고, 오른쪽은 신라를 건국한 박혁거세의 신비한 탄생을 담은 것입니다.

　우리나라뿐 아니라 세계의 수많은 나라와 민족에는 저마다의 신화가 전해옵니다. 그 신화 속 이야기를 크게 두 가지 범주로 나누자면 신의 시대와 영웅의 시대로 나눌 수 있습니다. 그리고 그 영웅들의 몰락을 마지막으로 신화의 시대는 끝이 나고 온전한 인간의 시대가 열립니다.

　신화 속의 신에 대한 이야기는 당시 인간들이 자연 현상과 세상을 어떻게 이해했는지를 보여 줍니다. 이 세상이 어떻게 만들어졌을까? 동물과 다른 인간은 어떻게 태어났을까? 해와 달과 수많은 자연현상들은 왜 나타날까? 이런 질문에 대한 당시 사람들의 생각(세계관)이 신들의 이야기에 담겨져 있습니다.

　그렇다면 나라를 세운 영웅들의 신비한 이야기는 무엇을 의미할까요? 건국신화는 사회가 평등한 공동체 단계를 지나 지배와 피지배의 불평등한 사회 단계에 접어들었다는 것을 보여 줍니다. 한마디로 계급사회 지배자들의 이야기라고 할 수 있습니다. 당시 지배자들은 생산 활동은 하지 않으면서 많은 재산을 가졌고, 다른 사람들을 자신의 뜻대로 부리는 권력마저 가졌습니다. 그리고 피지배층이 이런 모습에 대해 불만을 갖지 못하도록 자신의 지배가 정당함을 증명하고자 했습니다. 지배자들은 자신들이 다른 인간과는 다른 우월한 존재라는 것을 강조하기 위해 가장 많이 사용한 방법이 자신의 조상을 하늘의 신과 연결 짓는 것이었습니다.

그래서 고조선을 건국한 단군은 하느님의 아들인 환웅과 곰이 고난 끝에 여자로 변한 웅녀 사이에서 태어난 신비한 존재였습니다. 고구려의 주몽은 천신의 아들 해모수와 강의 신 하백의 딸 유화 부인 사이에서 알로 태어난 신비한 존재입니다. 신라의 박혁거세는 여섯 고을의 간절한 바람에 응답한 하늘이 내려준 알에서 깨어났습니다. 하얀 말이 지킨 알에서 박혁거세가 깨어나자 천지 만물이 이를 축복합니다. 이렇게 하늘에서 내려오거나 신비한 탄생의 비밀을 가진 영웅들의 건국신화는 한반도에서 계급과 국가가 만들어지던 시기의 지배자가 어떤 인물이고 어떤 방식으로 자신의 권력을 정당화했는지 보여주는 귀중한 자료입니다.

고구려와 신라의 건국신화는 말 그대로 하늘에서 내려온 성스러운 핏줄로 나라를 세운 지배자를 신격화하고 있습니다. 하지만 백제는 다릅니다. 백제 건국설화는 건국자인 온조와 비류가 원래 고구려를 건국한 주몽의 아들이었는데 북부여에서 태어난 이복 형 유리가 왕위를 계승하자, 이에 밀려서 어머니인 소서노와 함께 무리를 이끌고 남쪽으로 내려온다는 누구나 고개를 끄덕거릴 만한 합리적인 이야기입니다. 백제의 건국 이야기는 왜 고구려와 신라처럼 신비한 영웅의 건국 이야기가 아닐까요?

고구려와 신라는 건국 세력이 토착 세력을 완전히 압도할 만한 무력과 기술을 갖추고 토착민을 지배했음을 보여 줍니다. 그들은 자신을 하늘에서 내려온 성스러운 핏줄로 표현함으로써 열등하다고 여긴 토착민과의 차이를 드러내고자 한 것입니다. 한편 이런 터무니없는 얘기가 먹힐 만큼 당시 사회의식이 덜 발전했다는 것을 보여주기도 합니다.

그것은 신화가 형성된 시기의 국가 단계가 아직 연맹왕국으로의 발전이 이루어지지 않은 초기 국가 단계였음을 보여 줍니다. 그러나 백제국이 건국될 무렵은 이미 사회가 한 단계 더 발전한 시기입니다. 백제의 중심지인 한강 유역은 고조선의 멸망 이후 내려온 선진 이주 세력이 이미 있었던 곳이며, 낙랑과 대방이라는 중국 세력의 유입까지 있었던 곳입니다. 따라서 부여에서 갈라져 내려 온 온조와 비류 세력이 막강한 권력을 과시하기에는 어려웠을 것으로 추정됩니다. 그러니까 함부로 허풍을 친다고 믿을 만한 어리숙한 동네가 아니었다는 것입니다. 결국 온조와 비류 세력의 권력은 하늘에서 내려온 핏줄이라는 신격화된 권위로 만들어낸 것이 아니라 주변 세력들과의 연맹을 통해 이루어진 것입니다.[4]

2013년 11월 열린 박정희 탄신제에 참석한 당시 구미시장은 추도사에서 "박정희 대통령은 반신반인으로 하늘이 내렸다"라고 말했습니다. 민주공화국의 대통령은 주권자인 국민을 섬기는 최고위직 공무원일 뿐입니다. 유신헌법으로 영구집권을 꾀하면서 민주주의를 훼손한 독재 권력자를 반신반인으로 추앙하는 사람들은 지금을 어느 시대라고 생각하는지 머릿속이 궁금할 뿐입니다.

2. 백제의 발전과 전성기

■ 마한의 중심국으로 성장한 백제

온조가 처음 나라를 세울 당시 한반도 중부 이남 지역에는 마한이라고 통틀어 불리는 지역 안에 50여 개의 조그만 나라(지금의 나라와 비교할 수 없는 작은 규모와 미숙한 체제를 가졌습니다)들이 있었습니다. 백제국 역시 한강 일대의 조그만 소국에 불과했으며, 마한에서 주도적인 위치를 차지하지도 못했습니다. 마한의 중심국은 목지국으로 지금의 천안 일대를 중심으로 충청남도를 아우르는 지역을 장악하고 있었습니

---

4) 서울특별시사편찬위원회, 「백제의 기원과 건국」, 『한성백제사』, 2008을 읽으면 더 자세한 내용을 알 수 있습니다.

다. 목지국은 마한은 물론 진한과 변한까지 아우르는 삼한을 대표하는 맹주국으로, 목지국의 왕은 진왕이라고 불리었습니다. 맹주국인 목지국과 약소국 백제국의 세력 차이를 보여 주는 기록이 『삼국사기』 온조왕 24년의 내용입니다.

> 온조왕이 가을에 웅천(熊川)에 책(柵: 나무울타리, 즉 나무로 만든 성)을 세우자 마한왕이 사신을 보내 이렇게 나무랐다. "왕이 처음 강을 건너와서 발 붙일 곳이 없을 때 내가 동북쪽의 100리 땅을 떼어주며 편히 살게 하였으니 왕을 후하게 대우하지 않았다고 할 수 없소. 따라서 마땅히 이에 보답할 생각을 해야 하건만, 이제 나라가 안정되고 백성들이 모여드니 '나에게 덤벼들 자가 없다.'고 하면서 성과 연못을 크게 만들고 우리 땅을 침범하니 그것이 과연 의리에 맞는 일인가?" 왕이 부끄러워하여 마침내 그 목책을 헐어버렸다.[5]

위 기록을 보면 온조왕이 성을 쌓는 등 나라의 체계를 갖추고 영역을 확대하려고 하자 마한왕이 이를 통제하였고, 결국 온조왕이 마한 왕의 압력에 굴복한 사실을 알 수 있습니다. 여기서 마한왕은 목지국의 왕으로 추정되는데, 목지국의 말 한 마디에 쌓던 성을 헐어버릴 정도로 백제국의 세력이 작았다는 것을 알 수 있습니다.

백제의 성장을 가로막은 요인 중 하나는 한반도 북쪽에 있던 낙랑군과 대방군이라는 중국의 한 군현 세력입니다. 특히 대동강 유역을 중심으로 한 낙랑군은 주변의 토착 세력을 대상으로 중국의 선진 문물을 전해주는 한편, 저항하는 세력에 대해서는 무력을 행사하여 한반도 북부 지역을 중국의 세력권 안으로 끌어들이고자 하였습니다.

북쪽에는 중국 세력을 대표하는 낙랑군과 대방군이, 남쪽에는 마한의 맹주인 목지국이 있는 상황에서 나라의 발전에 대한 비전을 접고 조그만

---

5) 『삼국사기』 백제 본기 제1 온조왕 6년 7월, 국사편찬위원회 한국사데이터베이스.

소국으로 만족했다면 삼한의 다른 나라들처럼 그 이름조차 변변히 남기지 못했을 것입니다. 이런 상황에서 백제국이 마한의 중심으로 우뚝설 기회가 되는 사건이 벌어집니다.

백제국을 비롯한 마한 소국들은 한 군현의 통제에 불만을 가졌지만 힘을 모아 대적할 생각은 하지 못하였는데 이러한 상황에 커다란 변화가 생겼습니다. 246년 백제 고이왕 때의 일입니다. 한나라가 부종사 오림을 파견하여 신분고국을 비롯한 진한의 8국을 강제로 낙랑에 귀속시키려 하자 진한의 8개국이 크게 반발하였습니다. 그들은 연합을 만들어 대방군의 기리영(현재 황해도 지역)을 공격하는데 이것이 기리영 전투입니다. 백제는 연맹의 중심국(경기 북부의 신분고국이 연합을 주도했다는 설도 있습니다. 하지만 백제의 적극적인 참여를 부정하지는 않아요.)으로서 대방군과 낙랑군에 맞서 싸웁니다. 그리하여 낙랑, 대방과의 첫 전투에서는 낙랑 태수 궁준을 전사시키는 등 대승을 거두었습니다. 그러나 이후 목지국과 신분고국이 주도한 전투에서 낙랑·대방군에게 크게 패하고 이로 인해 신분고국은 멸망하였고, 마한을 주도한 목지국도 커다란 타격을 입었습니다. 하지만 이 과정에서 마한 연맹의 주도권이 백제로 넘어갑니다. 이러한 백제국의 위상 변화를 입증해 주는 유적이 이 시기 즈음에 축성된 풍납토성입니다. 이때부터는 마한의 소국인 백제국이 아니라 마한을 대표하는 백제가 된 것입니다.[6]

백제가 더욱 빠르게 성장한 것은 고구려가 서기 313년 낙랑군을 멸망시키고 뒤이어 대방군마저 멸망시켜 한반도에서 중국 세력을 축출한 뒤부터였습니다. 한 군현의 멸망으로 한 군현의 우수한 인재와 문물이 백제로 대거 밀려들어왔고 이들을 흡수한 백제는 국가 발전을 가속할 수 있었던 것입니다.

그렇다면 마한의 50여 개 소국 중 하나에 불과했던 백제국이 마한의

---

6) 권오영, 「백제국(伯濟國)에서 백제(伯濟)로의 전환」, 『역사와 현실』 40, 한국역사연구회, 2001.

주도권을 차지한 배경은 무엇일까요? 첫째는 한강 하류의 넓은 평야에서 나오는 농업 생산력입니다. 농기구가 발달하지 못한 시기에는 넓은 땅을 개간하고 농사를 짓기가 어려웠기에 넓은 평야 자체가 큰 이점이 되지는 못합니다. 그러나 4세기 이후 철제 농기구의 개발과 급속한 보급은 넓은 평야를 거대한 식량창고로 바꾸어 주었고, 이를 기반으로 주변 세력을 능가할 수 있었습니다. 둘째는 북한강과 남한강을 중심으로 한 교통로의 장악입니다. 강을 통해 사람과 물자가 활발하게 드나들면서 자연스럽게 주변 세력을 끌어들이게 되었습니다. 셋째, 중국을 중심으로 한 선진 문물의 수용에 적극적이었다는 점입니다. 한강 하류 지역은 낙랑과 대방이라는 한의 군현과 맞닿아 있고, 한강 하류를 통한 중국과의 직접 교류도 가능한 곳입니다. 한 군현은 백제 건국 초기에는 성장을 방해하는 요소였지만 한 군현 사람들을 적극 받아들이고 이들이 가져온 선진 문물을 적절하게 이용하여 오히려 한 군현을 극복할 힘을 얻었습니다.

■ 근초고왕이 왜에 칠지도를 선물한 까닭은?

3세기 고이왕을 거치면서 체제를 정비한 백제는 4세기 근초고왕 때에 전성기를 맞습니다. 근초고왕은 백제에게 아직까지 굴복하지 않은 마한의 소국들을 차례로 정복합니다. 결국 한반도 중부는 물론 지금의 전라도 지역인 한반도 서남부 지역이 모두 백제의 지배하에 들어가게 되었죠. 마한의 남은 지역을 정복한 근초고왕은 북쪽을 향해 창끝을 겨누었습니다. 당시 백제는 낙랑군과 대방군을 멸망시킨 고구려와 국경을 맞대고 대립하고 있었습니다. 근초고왕은 고구려에 맞서 여러 차례 대승을 거둡니다. 특히 근초고왕 24년(369)에 지금의 황해도 배천 지역에서 고구려의 고국원왕이 이끄는 2만 명의 군대와 벌인 치양전투에서 5천여 명을 죽이거나 사로잡은 대승은 고구려에 대한 백제의 군사력이 우세로 돌아선 결정적인 것이었습니다. 이로써 백제는 한강 유역을 넘어 경기도 북부와 황해도 지역까지 영토를 넓힐 수 있게 되었습니다. 더 나아가 근초고왕 26년(371)에는 정예병사 3만을 이끌고 고구려의 평양성을 공격하여 고국원왕을 전사시킵니다.

근초고왕 이전의 백제(伯濟)국은 나라 이름에서 맏형의 의미를 가진 '백(伯)'자를 썼으나 근초고왕 때 '많다'는 의미를 가진 '백(百)'자를 썼습니다. 이는 주변 소국 중에서 두각을 나타내는 주도국에서 한 단계 더 나아가 주변국들을 복종시켜 거느린 고대국가로서의 모습을 엿볼 수 있는 부분입니다. 고구려를 격파한 후 중국의 동진에게서 낙랑 태수직을 받은 사실도 이 시기 백제가 한반도의 패자(霸者)로 인정받았음을 보여 주는 것입니다.

근초고왕 대 백제의 역사서인 『서기』가 거칠부에 의해 편찬됩니다. 거칠부에 대해서는 구체적으로 어떤 인물인지 밝혀지지 않았지만 중국에서 건너온 관료로 추측하고 있습니다. 고대국가에서 역사서 편찬은 국가의 정통성을 과거로부터 확립하는 중요한 사업이었습니다. 『서기』의 편찬은 백제왕이 마한을 대표하는 초월적 정치 지배자가 되었음을 보여 주는 것이라고 할 수 있습니다.

근초고왕 때 왜에 선물한 칠지도[7]는 백제의 철기 제작 기술의 우수성을 보여 줌과 동시에 주변 세력들과의 적극적인 외교 관계를 통한 국가 발전이라는 백제의 성격을 잘 보여 주는 유물입니다. 가운데 날이 하나 있고, 좌우로 세 개씩의 가지가 뻗어있어 칠지도라고 부릅니다. 이 칼의 양쪽 면에는 금실로 총 61자(앞면 34, 뒷면 27)의 글자를 새겼습니다. 이는 우리나라 최초의 금 상감(象嵌) 사례입니다.

---

7) 칠지도를 선물한 왕이 근초고왕이 아니라는 주장도 있습니다. 다만 4세기 후반 백제의 전성기에 백제왕이 선물한 것이라는 데에는 대체로 이견이 없습니다.

〈칠지도〉(국립부여박물관 전시 모형,
김진호 촬영)
칠지도에 새겨져 있는 문구는 한일 학자
들 사이에서 선물이냐 조공이냐를 두고
서로 다른 해석을 낳게 하는 뜨거운 감
자입니다. 현재 일본 이소노카미 신궁
에 소장되어 있습니다.

■ 백제가 중국의 서쪽을 지배한 대제국이었다고요?

현행 고등학교 한국사 교과서의 대부분에는 4세기 백제의 발전을 보
여 주는 지도가 실려 있습니다. 그 지도의 대외 진출 화살표는 한성에서
시작하여 중국의 요서와 산둥 지방까지 향하고 있어 근초고왕 대에 백제
가 중국까지 진출했다는 해석을 보여 줍니다. 이러한 주장이 백제의
이른바 '요서경략설'입니다. 이러한 주장의 근거는 위진남북조 시대 중
국 측 기록입니다. 남조 국가인 송이 5세기 후반 남긴 『송서』 97권 백제
국전에서 "백제국은 본래 고구려가 요동의 동쪽 천여 리를 차지하였으
나, 그 후에 고구려가 요동을 다스렸고, 백제가 요서를 다스렸다. 백제가
다스린 지역을 진평군 진평현이라고 하였다."라고 기록되어 있습니다.
이와 비슷한 기록이 100여년 후 기록인 『양서』에도 보입니다. "그 나라
는 원래 고구려의 요동 동쪽이며, 고구려가 요동을 다스렸고 백제가 요서
와 진평 두 군을 차지하였고, 백제군을 설치하였다."는 기록이 바로 그것이
에요. 또한 양나라에 파견된 사신의 모습이 그려진 양직공도의 백제국

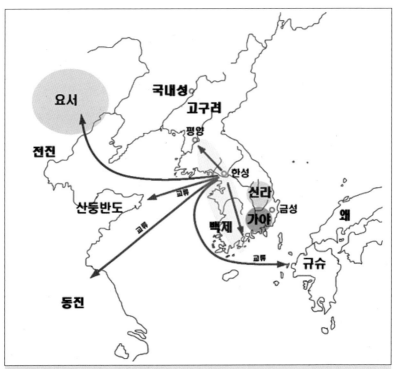

기록에도 "진(晉)나라 때, 고구려가 이미 요동을 경략하자, 백제 역시 요서·진평 2군의 땅을 차지하고 스스로 백제군을 설치하였다."라는 기록이 있습니다.

이 기록을 둘러싼 논쟁은 조선후기부터 현재까지 치열하게 진행되고 있습니다. 조선후기 실학자인 신경준은 『동국문헌비고』에서 백제의 요서 진출을 역사적 사실로 판단하고 있으나, 한진서는 『해동역사』에서 백제가 멀리 떨어진 요서 지역을 차지하는 것은 불합리하다고 비판하고 있습니다. 신경준의 주장은 일제강점기 식민사학에 맞서 우리 민족의 역사를 강조한 신채호와 정인보 등의 민족주의 사학자들에 의해 계승되었습니다. 일제 식민사학자들이 백제의 요서경략을 허구라고 주장하자, 이에 맞서 신채호는 당시 중국의 정세가 혼란스러운 상황에서 백제 전성기를 이끈 근초고왕이 요서를 경략하는 것은 충분히 가능했다는 전제하에 요서 지역뿐만 아니라 산동 지역까지 차지했다고 강조합니다. 정인보역시 신채호의 주장과 맥을 같이 하며 백제가 산동 지역을 차지한 이후에 요서 지역까지 세력을 확장한 '해상왕국'임을 강조했습니다.

해방 이후 1970년대 박정희 군사독재 정권을 거치면서 백제의 요서경략설은 객관적인 역사 연구와는 상관없이 사실로 받아들여집니다. 일제 강점기 친일 군인 출신인 박정희가 신채호 등의 민족주의 역사학자들의 주장을 강화했다는 것이 이상하지요? 그것은 박정희 군사 독재 정권이 우리 민족의 자랑스러운 역사를 강조하며 민족주의(라고 쓰고 국가주의라고 읽어야 마땅합니다.)를 자신의 독재 체제를 강화하는 수단으로 사용했기에 가능한 일이었습니다.

역사, 특히 고대사의 경우 구체적인 기록이 많지 않은 상황에서 역사적 진실을 복원하려면 기록을 뒷받침할 수 있는 고고학적 근거(유적과 유물)가 있어야 합니다. 이러한 관점에서 보면 요서 지역에 백제의 경략을 뒷받침할 만한 물질적 증거가 없다는 점이 백제의 요서경략설의 가장 커다란 난점이라 할 수 있습니다. 최근에는 요서 지역을 백제가 중국과의 활발한 교역을 한 거점으로 보는, 비교적 합리적인 주장이 제기되고있습니다. 하지만 문제는 객관적인 역사 연구와는 전혀 다른 엉뚱한 곳에서 자라났습니다. 바로 재야역사학자라고 주장하는 극우적 성향의 '사이비 역사학'이 등장한 것입니다. 이들이 주장하는 백제가 중국 대륙의 동쪽 절반을 차지했다는 황당한 설이 역사학계가 아닌 판타지 소설과 역사 드라마 등을 기반으로 해서 인터넷 등에서 활발하게 유포되고 있습니다. 우리 민족의 영광이 군사적 침략을 통한 영토 확장이어야 만족하는 이러한 위험한 생각은 거꾸로 일제가 한반도와 중국을 침략한 논리로 사용되었다는 사실을 우리는 반드시 기억해야 할 것입니다.

〈인터넷에 떠도는 삼국의 영토 지도〉 침략을 통해 영토를 확장해 나가는 일제 군국주의의 논리가 짙게 스며들어 있습니다. 이렇게 군국주의에 물든 사람들이 고고학계를 식민주의 사학이라고 비판하고 있으니 아이러니한 상황입니다.

■ 백제의 중앙이 지방을 다스리는 방법은?

목지국에 이어 마한의 맹주로 부상한 백제는 마한의 소국들을 병합합니다. 그러나 『삼국사기』의 기록처럼 이 과정이 쉽게 이루어진 것은 아니었습니다. 왕이 중앙에서 관리를 파견하여 직접 지배하는 방식은 아니었습니다. 아마도 지방의 전통적인 지배층에게 중앙에서 위세품을 내려주어 그들을 인정하는 간접 지배 방식을 취했을 것입니다.

근초고왕 대에 전라도 지역까지 마한의 남은 영역을 모두 차지했다는 기록도 아마 이런 간접 지배 방식이었을 것입니다. 지방에 대한 왕의 직접 지배는 중앙에서 지방에 파견되는 관리에 의해서 이루어져야 비로소 확고해집니다. 백제에서 직접 지배는 웅진 시기 무령왕 때 22담로에 왕족을 파견한 시기 또는 사비 시기 성왕이 전국을 5방으로 나누고, 그 밑에 군과 성을 두는 시기에야 가능한 것으로 생각하고 있습니다.

지방이 중앙의 통제에서 비교적 자유로왔다는 견해는 전라도 지역에서 발견되는 그 지역의 독특한 고분을 통해서도 설명이 가능합니다. 영산강 일대를 중심으로 전라도 지역에는 대형 옹관을 중심으로 한 독특한 고분부터 일본의 전방후원분 형식의 고분까지 있습니다. 이런 고분은

〈나주시 반남고분군의 다양한 고분들〉 (김진호) 전라남도 나주시 반남고분군에는 영산강 지역 수장층의 무덤으로 추정되는 다양한 형태의 고분이 모여 있습니다.

〈반남고분군 고분의 내부 모습〉(국립나주박물관, 김진호 촬영) 커다란 옹관이 여러 개 매장되어 있습니다. 이는 한성 백제에서는 볼 수 없는 이 지역만의 독특한 형식입니다.

〈광주광역시 월계동 고분〉(김진호) 일본의 전방후원분과 비슷한 형태입니다.

한성기 백제의 중앙 지배층의 고분과는 전혀 다릅니다. 백제의 석실분이 이 지역에서 도입되는 시기는 6세기 말 사비 시기입니다. 그렇다면 사비 시기 전까지는 영산강 유역은 독자적인 세력을 유지했다고 볼 수 있는 것 아닐까요? 특히 일본에서 볼 수 있는 고분들이 많이 보이는 것은 영산강 일대의 지배 세력이 왜와 긴밀한 관계를 가지고 있었다는 것을 말해 줍니다.

3. 삼국의 각축과 웅진백제 시기

■ 한강을 둘러싸고 삼국이 싸운 이유는?

백제의 수도인 한성은 한강을 끼고 있습니다. 한강은 태백산맥에서 발원하여 강원도·충청북도·경기도를 동서로 흘러 마침내 서해로 흘러드는 강입니다. 『한서』 지리지에는 대수(帶水)로 표기되어 있으며, 광개토대왕비에는 아리수(阿利水), 『삼국사기』의 백제 건국 설화에는 한수(寒水)라 되어 있습니다. 한강에 지금과 같은 '한(漢)'자를 쓰게 된 것은 중국 문화를 도입한 이후의 일입니다. 한강의 원 말인 '아리', 즉 '알'은 고대에 크다거나 신성하다는 의미로 쓰였으며, 순 우리말의 '한'도 이와 비슷한 뜻입니다.[8]

한강 유역에 사람이 살기 시작한 것은 구석기 시대부터입니다. 신석기 시대에도 우리가 잘 아는 암사동과 미사동 유적에서 볼 수 있듯이 많은 사람들이 모여 살았습니다. 청동기 시대에는 농경이 크게 확대되면서 하천 유역부터 낮은 구릉지대의 경사면에 마을을 이루고 모여 살았습니다. 청동기 시대 사회는 사유 재산과 계급의 발생으로 불평등한 사회였습니다. 사회의 불평등은 권력을 가진 지배자의 등장과 함께 주변 지역을 정복하여 영역을 확대하는 정복 전쟁으로 이어졌습니다. 이 과정

---

8) 한국학중앙연구원, 『한국민족문화대백과』, 「한강」.

에서 초기 형태의 국가가 형성되는데 한강 유역에 성립된 '진(辰)'이 대표적입니다.

한강 유역에서의 사회 발전이 두드러진 것은 한강을 끼고 발달한 넓은 평야를 기반으로 한 농경의 발달이 바탕이 되었기 때문입니다. 또한 한강 수로를 통해 내륙 깊은 곳까지 사람과 물자를 실어 나를 수 있으며 거꾸로 내륙의 물자도 도읍으로 실어 올 수 있었습니다. 또한 황해로 나가면 중국과 직접 교류하여 선진 문물을 받아들일 수도 있습니다. 이러한 선진 문물의 수용은 사회 발전의 원동력이 되었습니다.

한강 유역 중에서 백제의 수도 한성이 있는 지역은 한강 하류지만 한강 유역 전체에 영향력을 행사할 수 있는 위치입니다. 따라서 한성을 장악하면 전체 한강 유역을 차지하는 바탕이 되는 것입니다. 5세기 백제와 피 터지는 전쟁을 벌인 고구려가 한강 유역 장악을 위해 본격적인 공격에 들어선 것은 이러한 이유 때문입니다.

근초고왕 대까지 이어진 고구려에 대한 백제의 군사적 우위는 그리 오래가지 못합니다. 소수림왕 때의 체제 정비를 바탕으로 국력을 키운 고구려는 4세기 말엽 광개토대왕 때에 이르러 백제에 대한 공격을 감행합니다. 391년 광개토대왕이 이끄는 고구려 군은 백제 서북의 요충지인 관미성을 함락합니다. 이후 394년까지 매년 백제를 공격하고, 백제와의 접경 지역에 7성을 축조하였습니다. 396년에는 백제의 58성(城) 700촌(村)을 공격하고, 백제의 수도 한성을 포위하여 아신왕의 항복을 받아냈다고 합니다. 결국 백제군은 연거푸 패하며 황해도와 경기 북부의 영토를 잃고 말았습니다.

백제는 고구려의 공격에 맞서 서기 397년 왜(倭)에 태자인 전지를 인질로 보내고 군사 원조를 얻었고, 중국 남조와의 교류를 확대하는 등 적극적인 외교를 통해 위기를 극복하고자 하였습니다. 하지만 광개토대왕에 이어 475년 장수왕이 이끄는 3만 군대가 백제의 수도인 한성을 공격합니다. 갑작스런 기습에 대비하지 못한 개로왕은 북성과 남성을 차례로 빼앗기고 황급히 도망치다 아단성 아래에서 목숨을 잃었습니다. 고구려의 침입 소식에 신라에 구원병을 청하고 돌아오던 왕자 문주가 한성의 함락과 아버지 개로왕의 죽음 소식에 말머리를 돌려 웅진(지금의 공주)으로 급히 도읍을 옮깁니다. 이로써 온조왕이 터를 잡은 한강 유역에서 493년 간 전개된 한성백제의 시대가 끝나고 웅진백제 시대가 시작되었습니다.

■ 왜 백제는 웅진을 도읍으로 삼았을까?

475년 고구려 장수왕의 공격으로 한성을 빼앗기고 그 과정에서 개로왕마저 살해되었습니다. 당시 원군을 이끌고 한성을 향하던 문주왕(당시 왕자)은 길을 돌려 웅진성으로 도읍을 옮겼습니다. 이때부터 538년 성왕이 사비성(지금의 부여)으로 도읍을 옮기기 전까지 63년 간 웅진은 백제의 도읍이 되었습니다. 웅진이 도읍으로 선택된 이유는 무엇일까요? 첫 번째 이유는 외적의 침략을 막기에 편리한 지리적 이점 때문입니다.

〈공주 공산성 입구 전경〉(문화재청) 공산성은 금강이 성을 둘러싸고 있고, 주변에 방어를 위한 거점으로 쓸 수 있는 산들이 있는 천혜의 요새입니다.

웅진(지금의 공주)는 북쪽으로는 차령산맥이 방파제 역할을 하고 있으며, 남쪽으로는 계룡산이 솟아 있습니다. 또 웅진성 가까이에는 금강이 성을 둘러싸고 흐르고 있으며, 주위에는 무성산·연미산·공산·정지산 등이 둘러싸고 있어 고구려의 공격으로 위기에 처한 백제의 중심 세력이 안전하게 피하면서 후일을 도모할 수 있는 곳이었습니다. 또한 호남·호서 등지의 평야지대를 배후에 두고 있어 경제적인 안정도 꾀할 수 있으며, 금강을 통해 서해로 진출하여 중국의 남조 및 왜와 외교관계를 유지하는 데도 편리한 지역이었습니다.

웅진성은 현재 사적 제12호로 고려시대 이후의 명칭인 공산성으로 불립니다. 원래는 토성으로 축성되었으나 조선시대에 들어와 선조와 인조 대에 걸쳐 현재와 같은 석성을 개축하였습니다. 성곽의 총 길이는 2,660m로 외성을 제외하면 2,193m입니다. 이중 토성 구간이 735m, 석성 구간은 1,925m로 석성이 전체 성벽의 70% 이상입니다. 공산성에는 백제의 왕궁터로 추정되는 건물지를 비롯하여 연못, 목곽 창고 및 저장 구덩이 등이 확인되었습니다. 이중 왕궁터로 추정되는 건물지는 적심석을 이용하여 기초를 만들었으며, 각각 24칸, 10칸의 대규모입니다. 또한 연꽃무늬 수막새, 토기등잔, 삼족토기(세발토기), 봉황형 금동향로 등이 출토되어 최고 수준의 건물이었음을 알 수 있습니다.

왕궁지 부근에는 임류각이 있습니다. 백제 동성왕 22년(500) 왕궁의 동쪽에 건축한 건물로 동성왕이 말년에 신하들과 함께 연회 장소로 사용

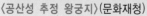
〈공산성 추정 왕궁지〉(문화재청)

〈임류각〉(문화재청)

한 곳입니다. 현재 세워진 건물은 발굴 조사를 통해 임류각지의 구조를 추정하여 1991~1993년에 걸쳐 복원한 것입니다.

두 번째 이유는 공주 지역의 토착 세력이 백제 왕실과 친밀한 관계를 유지하고 있었기 때문입니다. 공주시 의당면 수촌리에서 발굴된 백제시대의 고분군에서는 백제의 중앙인 한성에서 선물받은 금동관과 금동신발 등의 위세품이 출토되었습니다. 중앙의 왕에게서 받은 이러한 위세품은 공주 지역 권력자의 권위를 강화시켜주는 역할을 했을 것입니다.

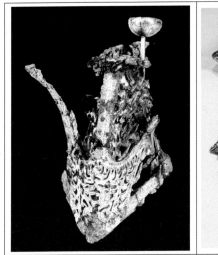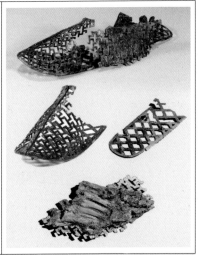

〈수촌리 고분에서 출토된 금동관(왼쪽)과 금동신발(오른쪽)〉(문화재청) 중앙정부로부터 하사받은 위세품으로 추정됩니다.

■ 웅진 천도 초기의 정치 상황

한강 유역을 빼앗긴 백제는 금강 유역을 중심으로 왕권을 안정시키고 전라도 지역의 독립적인 세력을 백제의 영역으로 적극적으로 편입시키는 정책을 폈습니다. 하지만 한성 지역의 왕실과 귀족 세력은 물론 백성들까지 갑작스럽게 웅진으로 이주를 하면서 여러 혼란이 나타났습니다. 왕실은 웅진성을 왕성으로 삼아 정착을 했지만 귀족들과 일반 백성들은 주변 지역에 정착을 했습니다. 문주왕 2년(476) 2월 한성에서 이주해 온 주민들을 대두산성 등에 분산시켜 살게 했다는 기록이 이를 뒷받침합니다.

문주왕은 정치를 안정시키려고 한성 지역의 전통 귀족 출신인 해구를 병관좌평에 임명합니다. 그리고 해구 세력을 견제하기 위하여 왜에서 귀국한 동생 곤지를 내신좌평에 임명하고 큰아들인 삼근을 태자로 봉합니다. 하지만 한성 출신 귀족세력, 웅진 지역 귀족세력, 그리고 왕족이 서로 정국의 주도권을 둘러싸고 치열한 권력 다툼을 벌입니다. 이 와중에 곤지는 귀국한 지 5개월 만에 죽고 말았습니다. 그리고 문주왕마저 재위 3년 만에 당시 정권을 장악한 해구가 보낸 자객에 의해 암살당하고 말았습니다. 문주왕의 뒤를 이어 삼근왕이 13살의 어린 나이로 즉위하자 해구가 실권을 잡고 위세를 부리다 다른 귀족들의 반발을 샀습니다. 해구는 대두성을 근거로 반란을 일으키다 실패하고 붙잡혀 처형을 당합니다.

하지만 삼근왕 역시 정치를 안정시키지 못하고 즉위 3년 만에 갑작스럽게 사망합니다. 그리고 왕위에 오른 인물이 곤지의 아들이 일본에서 건너와 동성왕으로 즉위합니다. 동성왕은 땅에 떨어진 왕권을 다시 세우고 웅진 천도 이후 혼란한 정치 상황을 안정시키려고 노력합니다. 먼저 한성 시기 전통 귀족과 웅진 지역 토착 세력을 고루 중용하여 왕권을 안정시킵니다. 그리고 혼인을 통해 신라와의 동맹 관계를 굳건히 다져 고구려를 견제하였습니다. 그리고 중국 남제에 사신을 파견하여 관작을 요청하는 등 외교 관계를 긴밀하게 하여 국제 관계 속에서 백제의 위상을 안정시킵니다. 하지만 동성왕은 말년에 이르러 백성들을 돌보지 않고 궁궐 동쪽에 임류각을 세우고 이곳에 연못을 파서 진기한 새를 기르고 잔치를 벌이는 등 사치와 향락을 일삼다가 왕의 정책에 반발하여 일어난 백가의 쿠데타로 인해 목숨을 잃고 맙니다.

■ 무령왕 때 드디어 다시 강국으로 우뚝 서다

동성왕에 이어 왕위에 오른 인물이 '사마' 곧 무령왕입니다. 무령왕의 출생에 대해서는 두 가지 이야기가 있습니다. 『삼국사기』와 『삼국유사』에는 동성왕의 둘째 아들로 기록되어 있습니다. 하지만 『일본서기』에 의하면 개로왕의 아들 혹은 곤지의 둘째 아들로 동성왕의 동생이라고 합니다. 이중 『일본서기』 무열기의 기록을 볼까요?

> 무령은 휘가 사마왕이고 곤지왕자의 아들이며, 말다왕의 배다른 형이다. 곤지가 왜로 갈 때에 축자도에 이르러 사마왕을 낳아 섬에서 백제로 되돌려 보냈는데 서울에 이르지 못하고 섬에서 낳았기 때문에 이로 인하여 사마라고 불렀다. 지금 각라의 바다 가운데 주도가 있는데 왕이 태어난 섬인 까닭에 백제인들이 주도라고 부른다.

이 기록에 의하면 무령왕은 곤지의 아들이며 휘가 '사마'로 되어 있지만 같은 『일본서기』 웅략기에는 개로왕의 아들이며 휘가 도군(嶋君)이라고 기록되어 있습니다. 한 인물에 대한 서로 다른 기록이 있다면 어떤 것이 진실일까요? 1971년 발굴된 무령왕릉 입구에서 나온 묘지석의 기록은 『일본서기』 무열기의 기록이 더욱 신빙성이 있음을 보여줍니다. 묘지석에는 무령왕의 이름은 '사마'이며 523년 62세로 사망했다고 새겨져 있습니다. 따라서 무령왕은 462년 출생한 것인데, 동성왕의 아들이라는 『삼국사기』의 기록이 맞으려면 동성왕이 17살에 둘째 아들로 무령왕을 낳아야 합니다. 이는 생물학적으로 어렵다고 생각합니다. 일본에서 태어난 '사마'가 왕위에 오른 것은 그의 나이 40세 때였습니다. 그는 동성왕을 죽인 백가의 반란을 진압하고 왕권의 안정에 힘을 기울였습니다.

그는 지방통치조직인 22담로에 왕족을 파견하여 왕족 중심으로 정치를 안정시킵니다. 또한 춘궁기에 백성들이 굶주리자 창고를 열어 구휼을

〈일본 큐슈 가카라시마의 무령왕릉 탄생지〉(김진호) 무령왕이 태어난 섬으로 알려진 일본 큐슈 사가현 가라쓰시 가카라시마에서는 해마다 6월에 무령왕 탄생제를 개최하여 고대부터 이어진 한일 간의 우호관계를 기념하고 있습니다.

하고, 저수지를 완비하는 등 농민생활의 안정과 생산력 증대에도 힘을 기울입니다.

당시 백제의 최대 과제는 고구려의 압박을 물리치고 나아가 고구려에 빼앗긴 영토를 되찾는 것이었습니다. 무령왕은 고구려에 대한 정책을 적극적인 공세로 전환합니다. 즉위년에 고구려의 수곡성을 먼저 공격하고, 재위 2년에는 고구려의 변경을 공격합니다. 또한 고구려의 공격을 친히 군대를 이끌고 격파합니다. 그리고 중국 남조와의 외교 관계를 강화하여 중흥의 발판을 마련하였습니다. 그리하여 무령왕은 백제가 다시 강국이 되었음을 대내외에 공표합니다. 『삼국사기』 백제본기 무령왕 21년 11월의 기록에는 "백제가 여러 번 고구려를 격파하여 그들과 처음으로 우호 관계를 맺었고, 이제 다시 강국이 되었다."라고 무령왕 시기 백제의 중흥을 벅찬 마음을 담아 자랑스럽게 이야기하고 있습니다.

웅진시기 백제의 중흥을 가장 잘 보여 주는 유적이 바로 무령왕릉입니다. 1971년 송산리 5·6호분에 대한 배수로 공사를 하던 중 우연히

〈공주 송산리고분군 무령왕릉〉(문화재청)

발견된 무령왕릉은 백제의 고분 중 주인공이 누구인지 알 수 있는 유일한 무덤임과 동시에 도굴의 피해를 입지 않은 유일한 무덤이기도 합니다. 벽돌로 쌓은 독특한 양식의 무령왕릉은 무덤 구조와 무덤 속에서 출토된 108종 4,600여 점의 소중한 유물을 통해 웅진시기의 백제 문화뿐 아니라 당시 중국과 일본과의 문화 교류와 과학 기술까지도 이해할 수 있는 소중한 문화유산입니다.

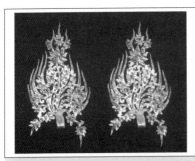

〈무령왕릉에서 출토된 무령왕 금제 관식〉(문화재청) 금판을 정교하게 오려서 무늬를 내고 작은 금장식을 붙여 멋을 낸 왕관 꾸미개입니다.

〈무령왕릉의 연도에서 발견된 석수〉(문화재청) 무덤을 지키는 상상의 동물로 중국 무덤에서 발견되는 석수와 달리 귀여움(?)을 담당하고 있습니다.

4. 사비백제 시기와 멸망

■ 성왕이 사비로 수도를 옮긴 이유는?

무령왕의 뒤를 이어 왕위에 오른 성왕은 538년에 웅진을 떠나 대외 진출이 쉬운 사비성(지금의 부여)으로 천도를 단행합니다. 그리고 나라 이름을 백제에서 남부여로 바꾸고 제도를 정비하고 중국 남조와의 활발한 교류를 했습니다. 웅진에서 사비로 도읍을 옮긴 이유는 무엇일까요? 웅진이 방어에는 유리하지만 도읍으로서는 너무 좁기 때문이었습니다. 또한 홍수에 의한 피해가 자주 일어나는 점도 고려되었습니다.

하지만 무엇보다도 천도를 통해 왕권을 강화하고 사회 질서를 재편하고자 했던 성왕의 의지가 가장 중요한 이유였습니다. 웅진 지역 귀족들의 세력이 커지면서 왕권을 제약하는 지경까지 이르자 이들의 세력을 약화시키기 위해서 나라의 중심지를 옮긴 것입니다.

성왕은 사비 천도 후 중앙관제를 16관등, 6좌평제로 정비합니다. 그리고 왕실 업무를 관장하는 12부와 일반 서정을 담당하는 외관 10부 등 22부의 행정 관서를 설치하였습니다. 지방 통치 조직은 기존의 담로제를 개편하여 전국을 동방·서방·남방·북방·중방의 5방으로 구분하고 그 아래

〈부소산성 정문〉(김진호) 부소산성은 부여 시민은 물론 부여를 찾는 많은 사람의 명소로 사랑받고 있습니다.

〈부여 관북리 유적터〉(김진호) 부소산성 앞의 관북리 유적은 건물터, 하수도, 도로유적 등이 발견되어 왕궁이었을 것으로 추정되고 있습니다.

군과 성을 두는 방-군-성제를 실시하였습니다.

　도읍을 옮기고 체제가 정비되자 한강 유역을 되찾기 위해 신라와 힘을 합쳐 고구려를 공격합니다. 당시 고구려는 외척 세력 간의 권력 다툼으로 정치 상황이 불안했습니다. 이를 틈타 성왕은 신라와 연합하여 70여 년간 고구려에 빼앗긴 한강 유역을 다시 찾을 수 있었습니다. 하지만 백제가 차지한 한강 유역은 한강 하류 지역에 한정되었습니다. 죽령에서 고현에 이르는 한강 상류 지역을 신라에게 주었기 때문입니다. 어쨌든 한강 유역을 다시 찾아 감격에 젖어 있었는데 예상치도 못했던 상황이 벌어집니다. 한강 상류만 차지하기로 약속한 신라 진흥왕이 고구려와 협약을 맺고 한강 하류 지역을 차지해 버린 것입니다.(553년) 성왕은 원로 귀족들의 반대에도 불구하고 신라에 대한 보복을 추진합니다. 왕자 여창을 총사령관으로 하여 신라를 공격한 것입니다. 하지만 백제군과 신라군의 일진일퇴의 공방전 속에서 성왕마저 관산성 전투에서 전사하고 말았습니다.(554년)[9]

■ 서동요의 주인공 무왕은 익산 천도를 계획했을까?

　600년 법왕의 뒤를 이어 즉위한 무왕(580~641)은 『삼국유사』에 전해지는 '서동 설화'의 주인공으로 잘 알려져 있습니다. 『삼국유사』의 내용을 잠깐 볼까요?

> 30대 무왕의 이름은 장(璋)이다. 그 모친이 과부가 되어 서울 남쪽 연못가에 집을 짓고 살았는데, 연못의 용과 관계하여 아들을 낳았다. 어릴 때 이름을 서동(薯童)이라 하였는데 항상 마[薯(서)]를 캐어 팔아서 생활을 하였으므로, 이름을 그렇게 부른 것이다.

---

9) 『삼국사기』 신라 진흥왕 본기에는 관산성 전투에서 전사한 것으로 되어있지만 『일본서기』에는 아들 여창의 노고를 위로하기 위해 가다가 신라의 복병에 사로잡혀 처형되었다고 기록되어 있습니다.

신라 진평왕의 셋째 공주 선화가 아름답다는 말을 듣고 서동은 머리를 깎고 신라의 서울로 갔다. 동네 아이들에게 마를 먹이니 아이들이 친해서 따르게 되었다. 이에 동요를 지어 여러 아이들을 꾀어서 부르게 하였는데, 그 노래에 "선화 공주님은 남 몰래 사귀어 두고 서동방(薯童房)을 밤에 몰래 안고 간다."라 하였다. 노래가 서울에 퍼져 대궐 안까지 들리자 여러 신하들이 극력 간하여 공주를 먼 곳으로 귀양 보내게 했다. 떠날 때 왕후가 순금 한 말을 노자로 주었다. 공주가 귀양지로 가는데 서동이 도중에 나와 절하며 모시고 가겠다고 했다. 공주는 그가 누구인지는 모르나 믿고 기뻐하여 그를 따르게 되었다. 후에 서동의 이름을 알고 동요의 영험을 믿었다.

백제로 와서 공주가 어머니가 준 금을 내어 앞으로 살 계획을 의논하니, 서동이 크게 웃으며 "이것이 무엇이오?" 하였다. 공주가 "이것은 황금이니 백 년의 부를 이룰 것입니다."하니, 서동은 "내가 어릴 때부터 마를 캐던 곳에 황금을 흙처럼 많이 쌓아 두었소." 하였다. 공주가 듣고 크게 놀라 "그것은 천하의 보물이니 지금 그 금이 있는 곳을 아시면 부모님이 계신 궁전에 보내는 것이 어떻겠습니까?"라고 하였다. 서동이 좋다 하여 금을 모아 언덕과 같이 쌓아 놓고 용화산 사자사(獅子寺)의 지명법사에게 가서 금을 옮길 방책을 물으니 법사가 말하기를 "내가 신통한 힘으로 보낼 것이니 금을 이리로 가져오시오." 하였다. 공주가 편지를 써서 금과 함께 사자사 앞에 갖다 놓았다. 법사가 신기한 힘으로 하룻밤 사이에 신라 궁중에 보냈다. 진평왕이 그 신비한 변화를 이상히 여겨 더욱 서동을 존중하며 항상 편지를 보내어 안부를 물었다. 서동이 이로부터 인심을 얻어 왕위에 올랐다.

무왕은 재위 기간 동안 왕권을 안정시켰으며, 신라의 변경을 자주 공격하여 영토를 확장시켰습니다. 또한 익산에 천도하려는 계획을 세워 그곳에 별궁을 지었고, 당시 최대 규모의 사찰인 미륵사를 창건하였습니다. 미륵사가 세워진 곳은 이야기에 등장하는 용화산으로 용화산 아래 큰 못에 미륵삼존이 나타나자, 선화공주가 여기에 절을 세워달라고 간청

합니다. 지명법사는 또다시 신통력으로 연못을 메워 이곳에 미륵사를 세우게 되었습니다.

무왕의 출생에 대해 『삼국사기』는 법왕의 아들이라고 하지만 중국의 사서에는 성왕의 아들인 위덕왕의 아들이라는 기록도 있습니다. 위의 설화에 홀로된 어머니가 용과 관계를 맺어 태어났고 어릴 때 어렵게 살았다는 이야기를 보면 그가 왕위에 오르는 과정이 순탄치는 않았던 것으로 보입니다.

〈익산 미륵사지 석탑의 옛 모습과 현재 모습〉 일제에 의해 시멘트로 복원된 왼쪽 사진(문화재청) 20년간의 수리 작업 끝에 2018년 오른쪽 사진(김진호)과 같은 모습으로 6층까지 복원되어 시민들에게 공개되었습니다.

〈사리병과 사리 봉영기〉(김진호) 미륵사지 석탑 수리 작업 중 1단 심주석 상면에서 예상치 못한 사리장엄이 발견되었습니다. 사리장엄구의 사리병과 함께 금판에 붉은 글씨로 새긴 사리봉영기가 출토되었습니다.

그가 진평왕의 딸인 선화공주와 결혼했다는 부분에 대해서도 당시 신라와 적대적인 백제의 관계를 보면 이해하기 어렵다는 이야기도 많습니다. 결정적으로 2009년 1월, 미륵사 서탑을 해체 수리하는 과정에서 무왕의 왕비에 대한 기록이 나왔습니다. 사리장엄구와 함께 출토된 금제 사리봉영기에는 "우리 백제 왕후께서는 좌평 사택덕적의 따님으로 … (중략)… 가람을 세우시고, 기해년(639년) 정월 29일에 사리를 받들어 맞이했다."라는 명문이 새겨져 있어 무왕의 왕비는 당시 유력 귀족인 사택가문의 딸이었다는 것이 밝혀졌습니다. 이로써 무왕과 선화공주의 사랑 이야기는 한낱 전설일 뿐이라는 주장도 나왔습니다. 다만 최근에는 백제 왕이 2명의 왕비를 둘 수도 있다는 점, 또는 선화공주가 죽은 후 새 왕비로 사택 가문의 딸을 왕비로 들였을 수도 있다는 점 등을 들어 무왕과 선화공주의 이야기가 사실일 수 있다는 주장도 계속되고 있습니다.

〈익산 왕궁리 5층 석탑과 건물지 유적〉(문화재청)
무왕이 별궁으로 사용했을 것으로 추정되는 곳입니다.

    사적 제408호로 지정된 왕궁리유적은 무왕이 익산으로 천도 계획을 세우고 별궁을 지어 운영했던 곳입니다. 발굴 조사에서 남북 492m, 동서 234m, 폭 3m 규모의 궁성이 확인되었습니다. 유적 안에서는 대형 건물지, 정원 시설, 후원 시설, 공방 시설, 환수구 시설 등이 남아 있습니다. 그리고 토기, 기와, 금제품 등 4,000여 점의 유물이 출토되었습니다.

■ 나당 연합군의 공격에 스러진 백제의 꿈

    그토록 원했던 옛 중심지 한강 유역을 되찾기는커녕 백제의 부흥을 이끌던 성왕마저 전사한 백제는 분노로 머리가 터질 지경이었을 겁니다. 마치 드라마에서 믿었던 친구한테 배신당해 돈 빼앗기고, 친구한테 따지러 갔던 아버지마저 목숨을 잃은 상황이랑 비슷한 것이죠. 복수에 불타는 백제의 다음 행동은 당연히 신라에 대한 무차별 공격이었습니다. 642년 백제 의자왕은 신라를 공격하여 대야성(지금 경상남도 합천군 합천읍)을 함락하면서 대야성 성주인 김품석과 그 아내의 목숨을 빼앗고 천여 명을 포로로 잡아갔습니다. 이 사건으로 큰 충격을 받은 사람이 김춘추였습니다. 김품석과 그 아내가 바로 그의 사위와 딸이었기 때문입니다. 이 소식을 들은 김춘추는 하루 종일 기둥에 기대어 지나가던 사람을 못 알아 볼 정도로 슬퍼했습니다. 그는 백제를 멸망시키겠다는 다짐을 하고 먼저 고구려를 찾아가 도움을 요청했지만 당시 고구려의 집권자

〈부여 정림사지 5층 석탑〉(문화재청) 1층 탑신에 백제를 멸망시킨 당의 장수 소정방이 쓴 글이 새겨져 있습니다.

였던 연개소문은 이를 거절합니다. 하지만 그는 이에 굴하지 않고 바다 건너 당 태종을 찾아가 백제 공격을 도와준다면 당이 고구려를 공격할 때 지원하겠다는 이른바 '나당동맹'을 체결합니다.

당과 신라 연합군은 백제를 수륙 양면으로 공격하고, 계백과 5천 결사대가 황산벌에서 목숨을 걸고 막아보지만 결국 전멸하고 나당연합군이 사비성을 점령함으로써 백제는 멸망하고 말았습니다(660년). 망한 나라 백성의 운명은 참혹했습니다. 의자왕을 비롯한 왕족과 백성들은 당에 끌려갔고, 수많은 백성들이 당군의 칼에 목숨을 잃었습니다.

■ 백제가 일본을 가르쳤다고?

고대 백제와 왜의 관계에 대해 우리 쪽이 일방적으로 시혜를 베풀어 일본의 발전에 도움을 주었다는 식으로 서술하는 경우가 대부분입니다. 고등학교 한국사 교과서의 '일본으로 건너간 우리 문화' 라는 소단원 속 서술을 볼까요?

> "삼국과 가야는 일찍부터 많은 사람이 일본에 건너가 선진 문화를 전파하여, 고대 국가의 성립과 아스카 문화 발전에 큰 영향을 주었다. 일본과 정치적으로 가장 밀접했던 백제는 오경박사, 의박사, 역박사 등을 파견하여 유교와 의학, 천문, 역법 등을 전해 주었다. 또한 불교와 함께 불상 조각, 건축 등을 전파하여 일본 고대 문화 발전에 중요한 역할을 하였습니다."[10]

이 서술을 보면 일본 고대문화는 백제를 비롯한 삼국이 선진 문물을 전해준 덕택인 것처럼 보입니다. 그리고 사람과 문물의 이동도 한반도에서 일본 열도로 일방적으로 이동한 것처럼 보입니다.

그렇다면 왜 삼국이 일본에 선진 문물을 전파해 주었는지에 대한 대답도 필요하지 않을까요? 국가와 국가, 민족과 민족 간의 교섭은 보통 꼼꼼한 이해득실을 계산한 상호 간 호혜에 바탕을 두기 때문입니다. 그러니까 삼국이 일본에 문물을 전해준 대가로 일본에서 삼국으로 흘러 들어온 것이 무엇인지 당시 상황과 연결해 생각해 볼 필요가 있습니다.

3~4세기 바다건너 왜[11]와 가장 먼저 활발한 교류를 한 나라는 '가야

---

10) 한철호 외, 『고등학교 한국사』, ㈜미래엔, 2015. 47쪽.
11) 삼국시대 일본지역에는 '일본'이라는 국가는 없었습니다. 보통 왜라고 불렸던 국가는 8세기에 들어서야 일본이라는 나라 이름을 갖게 됩니다.

연맹체'였습니다. 대성동 고분군에서 출토되는 가야의 토기는 일본 나라와 오사카 지역에서 출토되는 스에키[須惠器]와 그 형식이 비슷합니다. 또한 가야에서 집중적으로 출토되는 덩이쇠[철정鐵鋌]가 일본에서도 대량으로 출토되는데 이는 가야의 우수한 철이 일본으로 수출되었음을 보여주는 것입니다.

〈김해 대성동 고분군에서 출토된 금관가야의 토기들〉(문화재청)

하지만 지역 간, 국가 간의 교류란 한 방향으로만 흐르지 않는 법입니다. 김해 대성동 고분군에는 4세기 대를 중심으로 왜에서 건너온 유물들이 다량으로 출토되었습니다. 창원에서도 일본에서 건너온 청동거울과 화살촉이 출토되었고, 김해 예안리 77호묘에서는 패부가 출토되었습니다.

6세기 들어 적극적으로 일본과 교류를 한 나라는 백제입니다. 기록에 나타난 백제에서 일본으로의 문화 전파 대부분이 이 시기에 이루어졌습니다. 한편 일본에서 백제로 사람과 문물이 유입된 것도 확인할 수 있는데, 이러한 사실은 6세기 영산강 유역에서 집중적으로 만들어지는 전방후원분 등을 통해 파악할 수 있습니다. 전방후원분은 일본 고유의 고분 양식이기 때문에 영산강 유역의 전방후원분의 주인공은 일본에서 건너온 사람이거나, 혹은 일본과 깊은 관련이 있는 사람으로 볼 수 있습니다. 연구자 중에서는 왜계 백제관인으로 영산강 유역 토착 세력을 견제하고 일본 열도와의 외교 및 대가야 공략을 위해 백제 중앙에서 파견된 인물일 것으로 보기도 합니다.[12]

〈전라남도 함평 예덕리 신덕고분군의 고분〉(김진호) 일본 고분 시대의 대표적 무덤인 전방후원분과 모양이 유사합니다. 사진속 인물은 고분시신을 매장한 부분인 전방후원분의 둥근부분에 앉아 제단으로 사용된 네모꼴 부분을 바라보고 앉아 있습니다. 고분의 구조와 크기를 짐작하기 위해 연출된 장면이므로 여러분은 함부로 무덤 위에 올라가면 안됩니다.

이들 왜계 관인들은 주로 백제의 군사력 강화를 목적으로 건너온 사람들로 보입니다. 이 시기 백제는 고구려에게 한성을 빼앗기고 웅진으로 천도한 상태에서 지역의 토착 세력에 의해 왕권까지 위협을 받던 시기였습니다. 백제 지배층은 통치 질서의 확립, 특히 전라도 지역에 대한 통치권을 확립하기 위하여 강력한 군사력이 필요했고 이를 위해 왜의 군사적

---

12) 박천수, 앞의 책.

지원이 필요했던 것입니다. 이는 전방후원분을 비롯한 왜계고분에서 나오는 무기와 갑옷, 마구 등이 최고 수준의 것들이라는 점으로 알 수 있습니다.

한편 가야에서도 백제가 왜계 관인을 동원하여 군사력을 강화하자 이에 대한 대비책으로 왜계 무인들을 끌어들입니다. 이 역시 가야 지역에서 발견되는 왜계 고분 안에서 최고 수준의 무기와 무구 등이 발굴되는 것으로 통해 추론한 것입니다. 그렇다면 똑같은 왜가 백제와 가야를 두고 양다리를 걸친 것이냐? 그건 아닙니다. 당시 왜는 통일된 국가가 아니라 다양한 정치세력들이 지역마다 존재하고 있었습니다. 그중에서 일본 천황가문으로 대표되는 공식적인 야마토 정권은 백제와 관계가 깊었고, 북큐슈 지역의 정치 세력이 가야와 연결되었을 가능성이 높습니다. 그러니까 백제와 통하는 왜와, 가야와 통하는 왜가 서로 달랐던 것입니다.

■ 식민사관의 대표적 거짓말, 임나일본부설

이와 반대로 일본 역사학계와 고고학계 일부에서는 한반도로부터 문물과 사람의 이입을 야마토 정권에 의한 한반도 임나일본부 경영, 혹은 대규모의 한반도 침략이라고 해석하고 있습니다. 그 근거로 『일본서기』의 기록과 한반도 남부의 왜계 고분의 발굴을 들고 있습니다. 일본의 해석은 우리나라가 고대부터 일본에게서 침략과 지배를 받았다는 식민사관에 따른 것입니다. 식민사관은 일제의 한국 침략과 지배를 정당화하는 수단으로 활용되었으며 일제강점기 우리나라 역사에 대한 왜곡과 파괴의 바탕이 되었습니다.[13]

임나일본부의 실체에 대해서는 국내연구자뿐 아니라 일본의 역사학

---

13) 박천수, 「고고자료를 통해 본 고대 한반도와 일본열도의 상호작용」, 한국고대사연구 27, 2002.

자들에 의해 6세기 전반에 일시적으로 함안의 아라가야에 파견된 왜의 일본 외교사절이 체류한 왜신관(倭臣館)으로 밝혀졌습니다.[14] 이로써 임나일본부를 둘러싼 논쟁은 거의 종결이 되었습니다. 그러나 최근 일본 학계에서는 4세기 후반 왜가 한반도 남부에 '진출'하여 철을 포함한 필수 물자와 유통기구를 장악함으로써 일본 열도 내의 패권을 확립하고 고대국가를 성립시켰다고 보고 있습니다. 그런데 한반도 '진출'이라는 표현은 일제강점기에 대한 일본의 표현인 '한반도 진출', '만주 진출'에서 볼 수 있듯이 침략과 동일한 의미를 내포한다고 볼 수 있기에 일본학계의 인식이 근본적으로 변하지 않았다는 것을 보여줍니다. 특히 영산강 유역에서 발견되는 전방후원분을 근거로 왜의 영향력이 한반도 남부에 미쳤다는 논의가 활발하게 나오고 있습니다. 심지어 이미 폐기된 임나일본부를 영산강 유역의 전방후원분과 연결시키려는 견해도 나오고 있습니다.[15]

4세기 후반 근초고왕 대 이후 한반도 남부 지역은 백제의 영역이었다는 기존 견해를 뒤집는 이러한 논의에 대해 최근 우리 학계에서는 전방후원분은 정치적 중심지인 고분군을 형성하지 못하여 1세대에 한해 만들어질 뿐이며, 백제의 중앙에서 하사받은 위세품들이 출토된다는 점에서 백제의 지배에 있었음을 명확히 하고 있습니다.

결론적으로 삼국, 특히 백제와 가야에 있어서 왜는 긴밀한 군사적 동맹관계였음을 알 수 있습니다. 이러한 배경에서 한반도와 일본 사이에 활발한 인적, 물적 교류가 전개되었고 이러한 관계는 상호 관계였음을 이해해야 할 것입니다.

최근 식민사학을 극복하자고 주장하며 고고학자와 고대사 연구자들을 식민사학을 계승한 사람들로 매도하는 일단의 사람들이 온라인 공간

---

14) 이영식, 「가야와 왜, 그리고 임나일본부」, 『가야 잊혀진 이름 빛나는 유산』, 혜안, 2004.
15) 박천수, 「加耶, 新羅와 倭의 交涉을 통해 본 古代 韓日關係」, 『아시아의 고대 문물교류』, 서경문화사. 2012.

은 물론 현실 정치계와 연결하여 목소리를 높이고 있습니다. 심지어 이들은 평생 한일 고대사를 연구하여 임나일본부의 허구성을 밝힌 노교수를 임나일본부를 주장한 대표적인 식민사학의 계승자로 오도하여 커다란 공분을 사기도 하였습니다. 이들의 맹목적인 허위 주장이 '컨트롤 −C, 컨트롤−V'되어 민족주의의 탈을 쓰고 역사를 좋아하는 학생과 시민들은 물론 정치계까지 사회 곳곳에 퍼져나가 진실처럼 떠돌고 있습니다. 이러한 거짓 믿음은 오히려 고대사의 진면목을 밝히려 노력하는 학자들의 노력을 방해하고, 사실에 기초한 고대 역사상을 바탕으로 하는 미래 한일관계의 새로운 정립에도 악영향을 끼치고 있다는 것을 알아야 할 것입니다.[16]

---

16) 2017년 당시 문화체육부 장관으로 지목된 도종환 장관이 후보 청문회장에서 임나일본부 문제에 대한 사이비 역사학자들의 주장과 맥을 같이하는 발언을 하여 논란이 되었습니다.

제 2 장

성(城)으로 보는 백제인의 삶

한성백제 시기 백제인의 모습을 알기 위해서는 그들이 살던 곳에 가야 합니다. 고대에는 성에서 사람들이 모여 살면서 일정한 세력권이 형성되었습니다. 지금처럼 국경선과 행정구역의 경계가 명확히 나누어지는 시대가 아니었던 것입니다. 현재의 국경이나 행정구역의 경계는 아주 빨라야 고려시대에나 가능한 것입니다. 그래서 국가 간 전쟁 중의 공격과 방어도 성을 중심으로 이루어졌고, 사람들의 생활 영역도 성을 중심으로 형성되었습니다.

백제 도성인 한성을 비롯하여 고대 국가의 도성은 왕을 비롯한 최고 귀족층이 모여 사는 곳으로서 문화 수준은 물론 방어에 필요한 시설도 최고 수준이었습니다. 예나 지금이나 나라의 수도가 가장 사람도 많고 문화의 수준도 가장 높은 법입니다. 오죽하면 '사람을 낳으면 서울로 보내고 망아지를 낳으면 제주로 보내라'라는 속담이 생겼을까요. 삼국시대의 성에 대한 개념도 정리하고 백제의 도성으로 거의 확정된 풍납토성의 모습을 통해 당시 국제 교류의 중심이었던 백제의 생활 모습을 살펴볼까요?

1. 성이란 무엇인가?

■ 우리나라를 '성곽의 나라'라고 하는 이유는?

우리나라의 사적 중 가장 많은 수를 차지하는 것이 무엇인지 아시나요? 그것은 바로 성곽유적입니다. 문화재청에서 확인된 성곽유적은 2007년 기준으로 2,182개 입니다.[17) 성곽이란 보통 적군의 침입을 막기 위해 흙이나 돌 또는 벽돌 등의 재료를 이용해 높이 쌓아 올린 담을 생각합니다. 하지만 성곽은 담뿐 아니라 그 안에 사람들이 살기 위한 생활 공간, 또는 성을 지키는 군사시설까지 포함하는 넓은 개념입니다. 『삼국사기』 등 고대 기록을 찾아보면 성을 쌓은 이야기, 성을 공격한 이야기 등 성과 관련한 이야기들이 많이 나옵니다. 우리가 잘 아는 '바보 온달과 평강 공주' 이야기에도 성이 등장합니다. 고구려 평강공주의 도움으로 훌륭한 장군이 된 온달이 신라로부터 빼앗긴 땅을 되찾기 위해 나섰다가 화살에 맞고 목숨을 잃은 곳이 바로 '아단성'이었습니다.

또 우리나라 지명에는 성(城)으로 끝나는 지명이 많은데 이곳은 대부분 고대에 성이 있었던 곳입니다. 성곽은 외적의 침입을 막아주고 성 안의 사람들이 편안하게 살 수 있도록 해주는 중요한 시설입니다. 대륙세력과 해양세력의 틈바구니에서 성장한 우리나라는 성을 튼튼하게 쌓았고, 성을 이용한 방어 기술을 발전시켜 외적의 침입을 물리쳤습니다. 조선 세종 때 학자인 양성지가 '우리나라는 성곽의 나라'라고 한 것도 바로 이런 의미에서였습니다.

우리나라에서는 언제부터 성곽을 쌓았을까요? 방어를 위한 성이 처음 만들어진 것은 청동기시대였습니다. 사람들이 네 것, 내 것 구분 없이 살았던 석기시대에는 내 것을 지키기 위한 성을 쌓을 필요가 없었습니다. 열심히 일해도 서로 공평하게 나눠 먹으면 남는 것 없이 딱 떨어지는 형편인데 목숨 걸고 남의 마을에 쳐들어가도 뺏을 만한 것이 있을 턱이 없잖아요. 그러니 전쟁을 통한 약탈 따위는 생각할 수도 없고 실천에 옮길 여유도 없었습니다.

청동기시대에 들어오면 농경의 발달로 인한 잉여생산물의 확대, 사유재산과 계급의 발생 등으로 집단 간의 약탈이 일어나기 시작합니다.

---

17) 문화재청성곽연구회, 『①한국 성곽의 이해 -한국성곽 용어사전-』, 문화재청, 2007.

날카로운 청동검을 비롯한 첨단 무기들은 다른 부족을 침략하여 생산물을 빼앗고 사람들을 노예로 부리는 데 커다란 역할을 하였습니다. 사람들은 이제 내 것을 지키기 위하여 마을의 주변에 구덩이를 파고 나무울타리로 목책을 쌓았습니다. 부여 송국리 유적에는 청동기시대 사람들이 마을을 지키기 위해 만든 환호와 목책의 흔적이 그대로 남아있습니다.

▲〈청동기시대의 마을〉(한성백제박물관, 김진호 촬영) 외적으로부터 마을을 지키기 위해 나무울타리를 둘렀습니다.

◀〈신석기 시대 생활모습〉(한성백제박물관, 김진호 촬영) 울타리 없이 강가에 움집을 짓고 살았습니다.

우리 민족 최초의 국가인 고조선도 나라를 지키기 위해 튼튼한 성을 쌓았습니다. 수도인 왕검성에 대해서 중국 역사책인 『사기(史記)』 조선열전에 기록이 있습니다. 고조선과 대립하던 한의 무제가 고조선을 공격하자, 우거왕이 왕검성을 굳건히 지켜 1년 넘게 함락시키지 못했다는 기록입니다. 튼튼한 왕검성을 바탕으로 펼친 고조선의 방어 전술이 매우 뛰어났음을 알 수 있는 부분입니다.

삼국시대에 접어들면 중앙집권국가의 체제가 마련됩니다. 중앙집권국가의 가장 큰 특징은 강력한 왕권을 바탕으로 주변 국가를 정복하여 영역을 확대하고자 하는 속성입니다. 영역 확대를 위한 정복 전쟁은 농경지와 함께 그 안에 살고 있는 사람들의 노동력을 확보하는 것이어서 나라의 힘을 키우는 가장 중요한 일이었습니다. 정복 전쟁이 활발했던 삼국시대에는 중국을 비롯한 이민족의 침입뿐 아니라 삼국 간에도 치열한 전쟁이 벌어졌습니다. 『삼국사기』에 기록된 크고 작은 전쟁의 횟수만 무려 480회가 넘는다고 하니 당시 전쟁이 얼마나 치열했는지 알 수 있습니다. 그래서 성을 뺏고 뺏기는 전투가 중심이었던 삼국시대에는 방어를 위한 성곽 쌓기가 나라의 운명을 좌우하는 중요한 일이었습니다.

성을 쌓고 지키는 일은 우리 가족의 생명과 재산을 지키는 일과 같은 것이었습니다. 성은 적의 침입에 대한 방어가 핵심 기능이었지만 한편으로는 외적의 침입뿐 아니라 성 안의 사람들을 효율적으로 통치하기 위한 기능도 담당했습니다. 도성 안의 사람들을 맡은 역할에 따라 적절하게 배치하여 살게 하면 나라 살림이 삐걱거리지 않고 잘 굴러갈 수 있었으니까요.

그러나 다시 생각하면 우리나라가 '성곽의 나라'라 불릴 정도로 성곽을 많이 쌓았다는 것이 좋은 일만은 아니었다고 생각합니다. 성곽을 쌓지 않으면 나라가 망할 정도로 많은 침입이 있었다는 것을 보여 주는 것이니까요. 멀리 한의 공격으로 결국 멸망한 고조선부터, 중국의 통일제국인 수·당의 침입을 막아낸 고구려, 거란·여진·몽골의 침입에 맞서 싸운 고려, 일본의 침략을 막아낸 조선까지 우리 조상들은 나라를 지키기 위한 싸움을 수도 없이 치렀습니다. 오늘날 우리가 중국이나 일본의 한 지역이 되지 않고 독립된 국가로서 찬란한 민족문화를 가꿀 수 있던 것은 성곽을 이용한 전술을 발전시켜 외적을 물리친 결과라고 할 수 있습니다. 시대마다 나라마다 다른 재료를 이용하여 여러 가지 방법으로 성곽을 쌓았지만 그 속에 담긴 뜻은 모두 같습니다. 소중한 것을 외부의 적으로부터 지켜내겠다는 굳은 마음이 그것입니다.

■ 거주하는 사람에 따라 성곽을 분류하면?

성곽은 성에 거주하는 사람에 따라서 분류하기도 하고, 성을 쌓은 재료에 따라 분류하기도 합니다. 그럼 먼저 성에 거주하는 주체에 따른 분류를 보도록 하겠습니다. 성에 거주하는 주체에 따라 왕이 사는 궁성, 궁성과 함께 또는 둘러싸고 수도 사람들이 살고 있는 도성, 지방 주민들이 거주하는 읍성, 왕이 임시로 거처하는 곳은 행재성 등으로 나눌 수 있습니다.

① 도성

도성은 한 국가의 수도에 축조된 성을 말합니다. 나라를 세우면 왕과 핵심 정치 세력이 머무는 곳에 가장 먼저 정치, 경제, 문화의 중심지로 도성을 축조합니다. 도성은 왕이 평상시에 거주하는 궁성을 조성하고 그 외곽에 수도를 보호하는 외곽인 나성(羅城)을 갖춘 형태가 일반적입니다. 고구려는 졸본 홀승골성(중국 랴오닝성 환런시 오녀산성으로 추정합니다.)에서 시작하여 국내성으로 다시 평양성으로 도읍을 옮기면서 도성을 축조하였습니다. 백제의 경우도 한성에서 웅진, 웅진에서 부여로 도읍을 옮기면서 도성을 축조하였습니다. 단, 신라의 경우 경주에 도읍을 정한 후 옮긴 적이 없어 도성이 한 곳에만 있습니다.

〈고구려의 첫 수도로 알려진 홀승골성(오녀산성) 성문터와 성벽〉(김진호)

② 궁성

왕이 거처하는 궁과 관청 건물들을 성벽이나 담장으로 둘러싸는데 이를 통틀어 궁성이라 합니다. 궁성은 도성을 만들 때 미리 계획하여 도성의 일부로 축조하는 것이 일반적인데요. 여기에서 도성과 궁성을 따로 구분하여 설명하는 이유는 궁성이 반드시 도성 내에만 있는 것은 아니고 도성이 없는 경우도 있기 때문입니다.

고구려, 백제, 신라 3국이 강력한 왕권을 바탕으로 한 고대국가로 성장하던 시기에 도성과 궁성도 함께 확대, 발전되었습니다. 고려시대에는 송악산의 '만월대'라 불리는 남쪽의 구릉 지대에 궁궐을 축조합니다. 만월대는 축대를 높이 쌓고 그 경사면을 따라 건물을 계단식을 배치하여 밖에서 보기에는 산 자체가 거대한 궁성인 것처럼 웅장해 보이도록 설계하였습니다.

조선의 궁궐로는 왕이 항상 머무르는 법궁(정궁이라고도 합니다.)인 경복궁과 실제로 가장 오랜 기간 왕이 생활했던 창덕궁, 그리고 창경궁, 경희궁, 덕수궁 등 5대 궁궐이 있습니다. 궁궐에는 정치와 행정이 이뤄지는 정전과 편전 외에 국왕과 왕비의 생활공간인 내전, 세자가 머물던 동궁 등으로 구성되어 있으며, 이외에도 궐내각사를 비롯하여 수많은 부속 건물들로 이루어져 있었습니다.

〈조선의 법궁인 경복궁〉(문화재청) 매년 수십만 명의 관광객이 찾아와서 우리 궁궐의 아름다움을 즐기고 갑니다. 흥선대원군이 하늘에서 본다면 좋아하겠지요? 하지만 무리한 궁궐 공사로 일반 백성들의 고통이 심했다는 것을 잊어서는 안 되겠지요.

③ 읍성

　나라에는 왕이 살고 있는 중앙만 있는 것은 아닙니다. 지방마다 일정한 행정구역이 있고 그 안에 살고 있는 사람들이 있습니다. 왕이 살고 있는 중앙을 보호하는 도성과 궁성만큼은 아니지만 지방에는 지방민들을 보호하기 위한 성곽을 축조하였습니다. 이러한 성곽 중 가장 대표적인 것이 읍성입니다.

　읍성은 지방의 군, 현 주민을 외부의 침략에서 보호하는 군사적 기능과 함께 지방 주민 통치를 위한 행정적 기능을 함께 가진 성입니다. 읍성의 시초는 고려 말 왜구의 침입에 대비해 읍성을 축조한 것을 시초로 보고 있습니다. 이후 조선시대에 들어와 지방 행정 조직이 정리되면서『동국여지승람』의 기록에 읍성이 179개소가 등장할 정도로 많이 축조되었습니다. 읍성의 경우 평지에 쌓는 경우는 드물고 대개 배후의 산등성이를 포용하여 평지와 산기슭을 함께 감싸면서 축조합니다. 그래서 평산성이라 부르기도 합니다.

〈고창읍성〉(문화재청)

④ 행재성

행재성은 궁성처럼 왕이 항상 사는 것은 아니지만 국방상·행정상 중요한 지역에 임시로 가서 머물 수 있도록 만든 성입니다. 조선 후기 정조가 자신의 아버지인 사도세자의 무덤을 수원으로 옮기고 축조한 화성이 가장 대표적인 행재성입니다. 수원 화성은 정조가 붕당정치의 폐단을 바로잡고 국왕 중심의 개혁정치를 펴기 위한 목적으로 계획적으로 건설하였습니다. 당시 전통적인 축성 기술과 서양의 축성 기술까지 집약된 과학적이고 실용적인 성곽으로 이름이 높습니다. 비슷한 의미로 행궁(行宮)이 있습니다. 왕이 외적의 침입 등으로 인해 임시로 거처를 옮기는 경우에 왕이 일시적으로 생활하는 공간을 행궁이라 부르는데요. 대표적인 곳이 인조가 병자호란 당시 피란하여 청군에 맞선 남한산성의 행궁입니다.

〈수원화성 행궁〉(문화재청) 정조가 아버지의 무덤인 현륭원에 거둥하고 머물렀던 곳입니다. 아버지 사도세자에 대한 그리움이 깃들어 수원이 '효의 도시'라는 정체성을 강조하는 데 중요한 역할을 하고 있습니다. 정문인 신풍루 앞에서는 매주 토요일 조선의 전통 무예 시범 공연이 열립니다.

〈남한산성 행궁〉(문화재청) 인조가 병자호란 당시 피란한 곳입니다. 이곳에서 청군에 포위당해 45일간 항전하다가 마침내 성에서 나와 굴욕적인 강화를 맺었습니다.

■ 성 쌓는 재료에 따라 성을 분류하면?

성을 쌓는 재료는 매우 다양합니다. 성에 사용된 재료는 시기에 따라 다르게 나타나기도 하지만 상황에 따라 달라지기도 합니다. 예를 들면 외부 침입에 대한 보호라는 개념이 처음 등장한 청동기시대에 나무를 사용한 목책이 처음 등장하고 이후 흙, 돌, 벽돌 등이 순차적으로 등장하지만, 조선시대에도 목책이 설치되기도 하거든요. 그럼 하나씩 살펴보기로 하겠습니다.

① 목책성

나무를 잘라 둘러 벽처럼 쌓아 만든 방어시설을 목책이라고 합니다. 줄여서 책성이라고도 합니다. 목책성은 사람이 모여 사는 주거 지역을 보호하기 위해 만든 방어 시설 중 가장 오래된 것입니다. 우리나라의 기록에서도 『삼국지』 위지동이전에 부여와 진한에서 목책성을 축조하였다는 기록이 있습니다. 『삼국사기』에는 고구려 태조왕 16년(98) 두만강 연안에 책성(柵城)을 쌓았다는 기록과 신라 일성왕 4년(137) 강릉 부근에 오책(五柵)을 설치한 기록이 있어서 삼국시대 이전부터 목책을 방어시설로 꾸준히 만들었음을 알 수 있습니다. 통일신라의 장보고가 활동한 청해진에서도 목책의 흔적이 발견되었는데요.

〈몽촌토성의 목책〉(김진호) 현재 토성에 설치된 목책은 최근에 복원한 것입니다.

이런 것을 보면 토성과 석성이 주류를 이루게 되었을 때에도 목책은 꾸준히 사용된 것을 알 수 있습니다. 몽촌토성 같은 토성의 경우 적들이 기어오르기 쉽기 때문에 이를 막기 위해 앞에 이중으로 방벽을 하는 경우에 목책이 사용되었습니다. 또 긴급하게 방어시설을 만들 필요가 있을 때에도 목책을 이용하였습니다. 대량의 노동력을 동원하기 어려운 섬 등에서도 목책은 꾸준히 만들어졌습니다. 조선시대에 들어와서도 목책은 활용되었는데 임진왜란의 3대 대첩으로 꼽히는 행주대첩이 있었던 행주산성은 이중으로 목책을 두른 목책성이었습니다.

② 토성(土城)

토성은 석성과 함께 우리나라 성곽의 주류를 이루고 있습니다. 일반적으로 성곽의 발달 과정을 살펴보면 처음에는 목책성에 이어 토성의 축조가 이루어지고 이어 석성이 축조되었다고 생각합니다. 하지만 토성은 석성이 축조된 이후에도 석재의 운반이 어려운 지형에서는 꾸준히 축조됩니다. 토성은 석성에 비해 쌓는 기간이 짧고 노동력과 물자가 적게 드는 이점이 있기 때문입니다. 그래서 고대 삼국시대(고구려 평양성, 백제 풍납토성과 몽촌토성, 신라 반월성 등)부터 고려 말까지 널리 만들어졌습니다. 조선 건국 초기에 개경에서 한양으로 도읍을 옮기면서 쌓은 한양 성곽도 처음에는 토성이었습니다. 토성은 후대에 석축으로 다시 쌓는 경우가 많았습니다.

〈제주 항파두리성〉(문화재청) 고려시대 삼별초의 마지막 대몽항쟁이 있던 이 성도 흙으로 쌓았습니다.

〈풍납토성 북성벽〉(김진호) 백제의 도성인 풍납토성은 대표적인 토성입니다.

③ 석성

석성은 돌을 쌓아 성벽을 만든 것으로 우리나라 성곽의 대부분이 이에 속합니다. 석성은 삼국시대부터 조선 후기까지 꾸준히 축조가 이루어집니다. 석성은 처음부터 돌로 쌓은 경우도 있지만, 남한산성이나 한양 성곽처럼 처음에는 토성으로 쌓았다가 나중에 석성으로 개축한 경우도 있습니다.

석성을 쌓는 돌은 주로 성 주변에서 캐내어 썼습니다. 우리나라의 경우 단단한 화강암이 많아 성곽의 재료로 사용하기에 좋지만 이를 가공하는 기술도 필요했습니다. 그래서 돌 다듬는 기술이 부족했던 초기에는 쪼개진 돌[할석]을 사용하다가 성인 어른이 운반할 만한 크기의 돌을 거칠지만 원하는 모양으로 다듬게 되고 나중에는 기구를 사용해 들어 올릴 정도의 커다란 돌까지 표면을 정밀하게 다듬어 사용하게 되었습니다.

〈충북 보은 삼년산성〉(김진호) 성벽의 안팎을 모두 돌로 쌓은 협축식 산성입니다.

④ 토석혼축성

흙과 돌을 함께 사용하여 성벽을 만든 성곽을 토석혼축성이라고 합니다. 우리나라의 산성의 경우는 대부분 산의 경사진 지형을 이용하여 바깥쪽에는 돌을 쌓은 석축을 하고, 안쪽에는 흙으로 쌓은 토축인 경우가 많아요. 임진강 유역의 고구려 성들은 바깥쪽에는 단단한 현무암을 사용하였지만 기단부와 성벽 내부는 흙을 단단히 다진 판축법을 이용하여 쌓은 토석혼축성입니다.

⑤ 전축성

전축성이란 흙을 구워 만든 벽돌을 주재료로 하여 쌓은 성을 말합니다. 중국은 벽돌로 쌓은 성이 많은 데 비해 우리나라에는 벽돌로만 지은 성은 없습니다. 아마도 벽돌을 구워서 성을 쌓는 것보다는 주변에서 단단한 돌을 구해 성을 쌓은 것이 훨씬 경제적이었기 때문이겠습니다. 임진왜란 이후 기존 석성이 여러 가지 문제점을 드러내 벽돌 사용에 대한 의견이 대두되었습니다. 이에 따라 숙종 때 강화산성, 정조 때 수원 화성을 축조할 때 성곽의 일부를 벽돌로 축조한 경우가 있습니다.

〈중국 장안성 성문과 성벽〉(김진호) 당의 수도였던 장안성(산시성 시안)입니다. 안쪽에 토루를 만들고 벽돌로 성벽의 안과 밖을 꼼꼼하게 쌓았습니다. 성벽 위로는 마차 두 대가 서로 지나갈 정도의 길을 내었습니다. 지금도 자전거를 빌려타면 성벽 위를 달릴 수 있습니다.

중국은 벽돌을 쌓아 만든 성이 대단히 많습니다. 그 이유는 벽돌의 재료가 되는 황토가 많아서 일찍부터 벽돌을 이용한 건축기술이 발달했기 때문입니다.

⑥ 석전혼축성

돌과 벽돌을 함께 사용한 성곽을 석전혼축성이라고 합니다. 앞서 얘기한 것처럼 우리나라에는 완전한 전축성은 없고 대부분 석성에 벽돌을 일부 사용한 석전혼축성입니다. 가장 대표적인 석전혼축성이 수원화성입니다.

〈수원 화성〉(문화재청) 수원 화성의 동북공심돈과 동북노대의 모습으로 돌을 이용해 쌓은 성벽과 벽돌을 사용한 노대와 동북공심돈의 모습을 잘 볼 수 있습니다. 동북공심돈은 6.25 전쟁으로 파괴된 것을 복원하였습니다.

■ 서로 다른 고대 삼국의 성곽

국가 발전단계에서 삼국시대는 고대 중앙집권국가의 성립과 발전이 이뤄진 시대입니다. 고대국가의 특징으로 강력한 왕권과 정복전쟁을 통한 영역의 확대를 꼽습니다. 인구와 식량의 확보는 국가 발전의 원동력이고 이를 위해서는 정복 전쟁이 필수적이었습니다. 그래서 삼국시대에는 삼국간의 전쟁, 중국 등과의 대외항쟁이 치열하게 벌어질 수밖에 없었습니다. 『삼국사기』에 기록된 전쟁의 횟수를 세어 보면 크고 작은 전투를 모두 합산하여 무려 480여 회나 됩니다. 전쟁이 잦았던 당시에는 방어를 위한 성의 축조는 나라의 운명이 달린 절박한 공사였을 것입니다. 『삼국사기』에 성을 쌓았다는 기록이 고구려 14, 신라 30, 백제 40차례가 나올 정도로 삼국은 튼튼한 성을 쌓고 또 이를 중심으로 군사 경쟁을 벌였습니다.

그럼 백제의 성곽과 고구려, 신라의 성곽은 비슷할까요? 비슷한 부분도 있고 다른 부분도 있습니다. 그럼 삼국 성곽의 특징을 간단히 살펴볼까요? 먼저 비슷한 점은 삼국 모두 산과 강 등의 자연을 이용한 배치를 갖는다는 점입니다. 특히 산지가 많은 우리나라의 지형 특징 상 산에 쌓은 산성은 방어의 거점이자 주변 지역을 다스리는 중심지 역할을 담당하였습니다. 또 한 가지 도성의 배치에서 삼국의 도성은 안팎으로 이중의 성곽을 쌓고 또 도성 주변에 산성을 갖추는 것이 보통이었습니다. 집안의 국내성이나 평양의 대성산성 그리고 여러 겹의 성벽을 갖추었던 장안성이 고구려 성곽의 대표적인 사례이며, 공주 공산성이나 부여의 부소산성과 부여 나성 그리고 부여 외곽의 청산성, 청마산성 등이 백제 성곽의 좋은 예입니다. 신라의 경주는 성곽을 갖추지는 않았지만 경주 외곽의 세 곳에 산성을 두어 산성의 전통을 잇고 있었음을 보여 줍니다.

① 고구려의 성곽

고구려는 졸본을 도읍으로 건국했다가 국내성(중국 지린성 지안)으로 옮겼습니다. 이후 장수왕 대(427년) 수도를 남쪽의 평양성으로 옮겼습니다. 586년에는 대동강과 보통강 사이의 모란봉 남쪽에 장안성(평양성)을 새로 쌓고 다시 수도를 그곳으로 옮겼습니다.

고구려는 도성에서 각 지역으로 뻗은 주요 교통로에 수백 개의 성을 축조하였습니다. 고구려인은 절벽과 가파른 산등성이 등 험준한 지세를 이용해 산성을 쌓아 비교적 적은 노동력과 자원으로 높은 방어력을 가진 성을 축조하였습니다.

산성과 대비되는 평지성은 국내성, 안학궁 등 도성에 축조된 성들이 대부분이었습니다. 군사적·방어적 성격이 강한 산성에 비해 평지성은 거주에 유리해 다양한 정치적·행정적 기능을 담당하였습니다.

고구려의 도성은 평지성과 산성이 짝을 이루도록 설계되어 평소에는 평지성에 거주하다가 전쟁이나 위급 시에는 산성으로 옮겨 대항하는 방식으로 운영되었습니다. 고구려의 산성들은 대개 산세가 좋고 성 안에 물이 풍부한 곳으로 많은 사람들이 들어와 오래 지낼 수 있는 '고로봉'식 산성이었습니다. '고로봉'식은 고리짝 같이 성의 4면이 높은 산 등으로 돌려 막히고 가운데가 오목하게 생긴 지형을 말합니다.

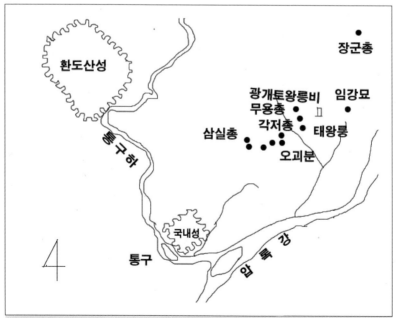

〈고구려 국내성과 환도산성 지도〉 평지성인 국내성과 방어를 위한 산성(환도산성)이 짝을 이루고 있습니다.

고로봉식의 장점은 첫째 산 능선 또는 절벽을 따라 성벽을 쌓기 때문에 적이 침입하기는 어렵고 우리가 막아내기는 쉽습니다. 둘째 경사가 가파른 산의 지형을 이용하기 때문에 겹성을 쌓거나 해자를 팔 필요가 없습니다. 셋째 성 안이 우묵하여 적들이 우리 모습을 볼 수 없습니다. 넷째 골짜기와 넓은 공간이 있어 많은 사람들이 살 수 있고 풍부한 물이 있어 오랜 기간 농성해도 불편이 없습니다.

② 신라의 성곽

신라는 수도를 금성에 정하고 1,000년 넘게 도읍을 옮기지 않았습니다. 삼국 통일 이후 천도를 계획한 적도 있지만 결국 좌절되고 끝까지 경주에 머물러 있었습니다. 경주의 남쪽에 흐르는 남천의 북쪽에 반월모양의 편평한 구릉으로 된 반월성이 있는데 이 반월성은 신라의 궁성으로 오래 이용되었습니다. 왕도 방비를 위한 나성은 만들지 않았으나 나성 역할에 해당되는, 중요한 도로를 제압할 수 있는 산성을 동서남북에 각각 구축하였습니다.

5대 파사니사금 22년(101)에 남천 북쪽의 구릉에 월성이라는 성을 축조하고 왕이 월성에 옮겨 거처했다는 기록이 있어 도성의 중심을 옮긴 것으로 추측하고 있습니다.

〈경주 월성의 해자〉(문화재청)   〈경주 동궁터와 월지〉(문화재청)

삼국통일을 완성한 문무왕은 금성을 통일 신라의 도성으로 새롭게 변모시키려 하였습니다. 그러나 도시 전체를 바꾸지는 못하고 기존의 궁궐을 화려하게 다시 꾸미고, 새로운 궁궐로 동궁을 지었습니다. "동궁 안에는 못을 파고 산을 만들어 진기한 짐승을 길렀다"는 기록이 있어, 안압지가 동궁 안에 만든 것임을 알 수 있습니다.

2. 백제의 도성, 풍납토성

한성 백제의 도성은 왕과 지배층들의 거주 구역이자 정치가 이루어지는 중심부로서 국가 자체를 의미하기도 하였습니다. 따라서 백제사람들의 생활 모습과 사회 모습을 파악하기 위해서는 한성 백제의 도성을 살펴보는 것이 가장 중요하겠지요? 그러나 여기서 어마 무시한 문제가 생깁니다. 우리가 살펴볼 한성 백제의 도성이 어디에 있는지 최근까지 정확히 알지 못하고 있다는 점입니다. 어째서 이런 문제가 생긴 걸까요? 이 장에서는 도성의 위치에 대한 문제를 살펴보고 그 다음 현재까지의 고고학 발굴 성과를 바탕으로 전성기 백제의 도성으로 확실시 되고 있는 풍납토성을 본격적으로 여행하면서 옛 백제 사람들의 모습을 살펴보도록 하겠습니다.

■ 한성백제 도성의 위치를 둘러싼 논쟁

우리는 한성백제 시기 도성이 한 곳에 있었을 것이라고 짐작하지만 삼국시대의 기록에는 세 번이나 옮겼다고 되어 있습니다. 처음 온조가 도읍을 정한 곳은 하남위례성입니다. 위례성의 위치는 기록에 따르면 "북쪽으로 한수가 흐르고, 동쪽으로는 높은 산이 있으며, 남쪽으로는 비옥한 들이 보이고, 서쪽은 큰 바다로 막혀있습니다."라고 했는데 이는 한강 유역으로 추정됩니다.

두 번째 장소는 온조왕 14년에 천도한 '한성(漢城)'입니다. 천도 준비는 온조왕 13년부터 진행되었는데요, 온조왕 13년(기원전 5)에 "나라의

동쪽에는 낙랑이 있고 북쪽에 말갈이 있다. 이들이 변경을 자주 침공하
니"라고 하며 한수의 남쪽으로 도읍을 옮기겠다고 합니다. 이어 목책을
세우고 백성들을 이주시키고 궁실을 지은 후 14년에 천도를 합니다. 그리
고 한강의 서북쪽에 성을 쌓고 한성의 백성들을 나누어 살게 하였습니다.

　세 번째 장소는 근초고왕 26년(371)에 천도한 '한산(漢山)'입니다.
당시 근초고왕은 고구려 평양성을 공격하여 고국원왕을 전사시키고 군
대를 돌려 돌아온 후 한산으로 옮겼다고 전합니다.

　한성기의 왕성인 하남위례성, 혹은 한성이 어디인지 알기 위한 노력
은 고려시대부터 있었습니다. 고려 후기 역사서인『삼국유사』에는 위례
성을 '직산(稷山 충청남도 천안시 직산군)'으로 온조왕 14년에 옮긴 한
산(漢山)을 '광주(廣州)'로 기록하고 있습니다. 조선 후기 실학자인 정
약용은 역사지리서인『아방강역고(我邦疆域考)』의 「위례고(慰禮考)」
편에서 '백제의 첫 도읍지는 북쪽의 한성 일대였으며 얼마 후 천도한
하남위례성은 하남면의 춘궁리 일대'라고 주장합니다.

　역사학자인 이병도도 정약용의 견해를 받아들여 하남 춘궁리를 하남
위례성으로 주장하였고, 풍납토성은 백제 초기 고구려의 침공에 대비해
쌓은 사성(蛇城)이라고 주장했습니다.

〈바람드리성 셀프세차장〉(김진호) 풍납토성을 바람드리로 해석하는 이병도의 견해가 아
직 풍납토성 안에 남아 있습니다.

그는 풍납토성의 '풍납(風納)'을 '바람드리'로 해석하고 바람드리는 뱀 '사(蛇)'자를 쓰는 사성(蛇城)의 '배암드리'와 소리가 비슷하니 '풍납토성=사성'이라고 말합니다. 이 주장을 "A=B, B=C 이면 A=C이다."라는 단순한 삼단논법으로 정리하면 "풍납=바람드리, 바람드리=배암드리이므로 풍납=배암드리"가 되는데요. 여기에서 '바람드리=배암드리'는 소리가 비슷할 뿐인, 개인적인 의견에 불과하므로 이를 역사적인 사실로 인정하기에는 너무 허술합니다. 과거 특정한 시대의 모습을 제대로 보기 위해서는 과거 기록에 대한 연구와 함께 물질문화의 흔적을 탐색하는 고고학 연구가 함께 진행되어야 합니다. 하남위례성과 한성의 정확한 위치를 추정하기 위해서는 고고학 발굴의 성과를 기다려야 했습니다.

1980년대 중반 이후 1986년 아시안게임과 1988년 서울올림픽을 준비하면서 현재 송파구 방이동에 올림픽공원이 조성됩니다. 이와 관련해 몽촌토성 일대를 정비하면서 서울대학교 박물관에 의해 1983년부터 1987년까지 몽촌토성에 대한 발굴 조사가 이루어집니다. 이 조사에서 다양한 유물과 유적이 발굴되어 몽촌토성을 왕성으로 보는 견해가 크게 대두되었습니다. 하지만 1990년대 후반부터 풍납토성에 대한 대대적인 발굴이 진행되면서 커다란 변화가 생깁니다. 최근 학계에서의 한성에 대한 연구 성과를 간단하게 정리하면 다음과 같습니다.

온조가 처음 정한 하남위례성에서 영역이 확대되어 고이왕 대에 지금의 풍납토성을 쌓아 고대국가의 도성으로서의 위상을 갖게 되었습니다. 근초고왕 대에 접어들어 도성의 정비가 이루어지면서 한성은 궁궐이 있는 북성(풍납토성), 별궁이자 위급할 때 방어용으로 이용한 남성(몽촌토성)의 체제를 갖추게 되었습니다. 이와 함께 한성의 남쪽에 조성된 왕릉(석촌동 고분군)과 한성 바깥쪽의 일반 백성들의 집과 농경지 그리고 다양한 경제 시설 등이 조성되어 고대국가의 도읍의 경관을 갖추게 되었다는 것입니다.

그렇다면 이를 입증하는 증거로서 풍납토성의 면모를 보기 위해 풍납토성 발굴의 역사를 돌아보겠습니다.

■ 소외받고 상처 입은 풍납토성(발굴의 역사)[18]

풍납토성이 처음 사람들의 주목을 받은 것은 일제강점기인 1925년의 을축년 대홍수로 인해서였습니다. 우리나라를 휩쓸고 간 1925년 을축년 대홍수, 당시 7월 6일부터 20일까지 15일간의 장마로 전국에 걸쳐 1년간의 내릴 비의 80%정도인 700~970mm의 비가 내렸고, 장마 전선이 한 달 이상 한반도를 오르락내리락 하면서 서울, 지방을 비롯한 전국에 엄청난 피해를 주었습니다. 특히 중부 지방은 16~18일까지 3일간 최대 650mm의 폭우가 집중되면서 한강의 수위는 최대를 기록했고, 이로 인해 제방이 무너지고 범람하여 용산 일대가 물에 잠기고 숭례문 앞까지 만수가 되었습니다. 서울 시내의 교통과 통신 또한 마비되었습니다. 당시에 물에 빠져 죽은 사람만 400여 명에 달했고, 1만 2천여 호의 가옥이 유실되었습니다. 하지만 이 홍수로 여러 가지 유적들이 발견되기도 하였는데 백제의 풍납토성과 암사동 선사주거지가 이때 발견되었습니다.[19]

불어난 강물로 풍납토성의 서쪽 성벽이 유실되면서 중요한 유물이 출토되었습니다. 바로 청동제 자루솥[초두(鐎斗)]과 허리띠 장식[과대금구]입니다. 짐승 3마리가 장식된 다리에 용머리 손잡이가 달린 자루솥은 술·음식·약 등을 끓이거나 데우는데 사용하던 그릇입니다. 백제에서 만든 것은 아니고 중국 동진 계열의 유물로 보여 당시 백제의 국제 교류를 보여주는 유물이기도 합니다. 초두가 출토되는 유적은 대부분 고분입니다. 중국에서도 고분의 부장품으로 초두를 많이 사용했다고 합니다. 이로 미루어 왕족이나 귀족들이 제사를 지내거나 상장례를 치를 때 의식

---

18) 이번 장의 내용은 조유전, 「風納土城의 調査成果와 意義」, 『風納土城, 500년 백제왕도의 비젼과 과제』 풍납토성 발굴 10주년 기념 제16회 문화재연구 국제 학술대회, 국립문화재연구소, 2007을 주로 참조하였음.
19) 국가기록원 홈페이지(http://www.archives.go.kr/), 「을축년 대홍수」.

〈1925년 일제강점기 풍납토성 내부〉(국립중앙박물관) 일제강점기의 사진을 보면 풍납토
성은 토성 내부에 인가가 거의 없는 황폐한 모습이었음을 알 수 있습니다.

〈청동제 자루솥이 발견된 풍납토성 성벽의
커다란 항아리〉(국립중앙박물관) 1925년
대홍수로 서쪽 벽이 유실되면서 커다란 항
아리 속에서 발견되었습니다.

〈풍납토성에서 출토된 청동 자루솥〉(국립
중앙박물관) 출토된 후 찍은 사진입니다.

용으로 사용했음을 알 수 있습니다. 이 유물에 주목하여 풍납토성을
위례성으로 보는 주장이 일본인 학자에 의해 제기되기도 합니다. 이후
풍납토성의 성격에 관한 다양한 견해가 제시되었지만 더 이상의 진전은

이뤄지지 않았습니다. 그리고 해방이 된 후 1963년 1월이 되어서야 풍납토성이 사적으로 지정됩니다. 그러나 사적으로 지정된 부분이 그때까지 남아있던 둘레의 성벽뿐이고 성 안은 그대로 사유지로 남게 되면서 비극이 시작됩니다.

광복 후 1961년 서울대학교 문리과대학에 고고인류학과가 개설되고 4년째인 1964년 여름 고고학 발굴 실습으로 김원룡 교수가 8개의 구덩이, 즉 피트 발굴 조사를 실시하게 되었습니다. 이 조사에서 2개 층의 백제문화층이 확인되고, 풍납리 무문토기라고 할 수 있는 토기편을 비롯 다양하고 많은 유물이 발굴되었습니다. 이 발굴 결과를 가지고 김원룡은 1967년 「풍납리포함층」이라는 조사 보고서를 발행하면서 풍납토성은 서기 1세기경 위례성과 거의 동시에 축성되어 475년까지 존속된 반민반군(半民半軍)의 읍성으로서 개로왕 21년(475)에 고구려군이 남하하여 7일 동안 공격한 북성(北城)으로 보았습니다. 이후 방동인은 1974년 역사지리적 측면에서 풍납토성을 검토하여 『동국문헌비고』와 『대동지지』 등에 나오는 평고성(坪古城)이라고 주장하는 등 여러 견해가 제시되었습니다. 그러나 이후 풍납토성에 대한 아무런 조사도 이루어지지 못한 채 1960년대부터 1990년대까지 서울시의 확장과 함께 성 내부는 주택가로 변하면서 급속한 개발이 이루어지게 되었습니다. 이로 인해 풍납토성 내부는 단독 주택뿐 아니라 연립주택까지 들어서서 본격적인 주택지로 변모하였습니다. 2000년 당시 풍납토성 안쪽의 거주 인구는 1만 2천 가구, 4만 2천명에 달했습니다. 그리고 일반 개인 주택을 비롯하여 연립주택 45동, 고층 아파트 41개동, 기타 일반 건축물까지 성의 내부를 가득 채우고 있었습니다.[20]

이렇게 풍납토성의 내부가 파괴되고 있을 때 문화재 당국의 조치는 1976년부터 1978년까지 북쪽 성벽에서 동쪽 성벽으로 이어지는 구간을 서울시가 복원한 것이 거의 전부였습니다. 그나마 다행인 것은 단독

---

20) 김태식, 『풍납토성, 500년 백제를 깨우다』, 김영사, 2001, 493~494쪽 참조.

주택이나 연립주택이 건설되는 경우에는 백제의 문화층이 존재하는 5m 아래까지 바닥을 파헤치고 진행되지 않기 때문에 유물의 전면적인 파괴까지는 생기지 않았을 것으로 보입니다. 하지만 1980년대부터 본격적으로 고층 아파트 단지가 들어서면서 풍납토성 내부의 유적과 유물은 심각하게 그리고 빠르게 파괴되었습니다. 아파트 등의 고층 건물들은 건물의 안전을 위해 터 파기와 기초 공사를 매우 크고 깊게 해야 합니다. 이런 터 파기와 기초 공사로 인해 백제의 문화층은 치명적인 피해를 입게 되었습니다. 아파트의 기초 공사 과정에서 파헤친 흙에서 엄청난 양의 토기조각들이 나와서 트럭으로 실어 버려졌다는 이야기를 당시 풍납동에 살던 주민들을 통해 들을 수 있을 정도였습니다. 이렇게 아무도 관심을 갖지 않은 상태에서 개발로 인해 파괴되는 풍납토성이 다시 조명을 받고 본격적인 발굴로 이어지게 된 데에는 풍납토성을 연구한 한 역사학자의 노력이 있었습니다.

1997년 1월 기존 주택을 허물고 재건축으로 진행된 현대 리버빌 아파트의 터 파기 공사 현장에 선문대학교 이형구 교수가 찾아갑니다. 그는 80년대부터 풍납토성을 연구하고 이 유적의 중요성을 강조해 온 사람입

〈현대 리버빌 아파트전경〉(김진호) 이 아파트 터파기 공사 현장에서 발견된 유물이 계기가 되어 풍납토성이 본격적인 발굴이 이루어졌습니다.

니다. 그는 공사 현장에서 굴착기가 파낸 깊이 5m의 구덩이에서 초기 백제의 토기 조각들과 백제 건물의 잔해로 보이는 유물들을 발견합니다. 그는 곧바로 이 사실을 국립문화재연구소에 알렸고 국립문화재연구소는 긴급 발굴조사에 나서게 되었습니다.

국립문화재연구소의 조사 결과 한성백제 시기의 다량의 유물과 함께 백제 사람들의 집터가 다수 발견됨으로써 풍납토성 내부가 백제사람들의 대규모 집단 거주지임이 확인되었습니다. 이때부터 풍납토성 내부에서 부분적으로나마 본격적인 발굴조사가 이루어지게 되었습니다. 1997년 풍납토성 내부에 대한 정식 발굴조사가 최초로 이루어집니다. 조사한 지점은 풍납토성 동벽에 인접한 곳이었습니다. 당시 조사는 아파트 재건축에 앞선 긴급 구제 발굴조사로써 일부 터 파기 공사로 인해 지하 4m 정도까지 흙을 파내 훼손된 부분에 대한 수습조사와 아직 공사가 진행되지 않은 나머지 구간에 대해 이루어졌습니다. 터 파기로 훼손된 구간에서 초기백제시대 6각형 집터 3기, 토기가마 1기, 식량 저장 등의 목적으로 판 구덩이인 수혈유구와 3중의 환호유구 등이 확인되었습니다. 그 중 5호 집터는 장축 길이 10.7m, 단축 폭 7.3m의 대형으로 마치 철성분을 깐 것처럼 단단하게 바닥을 다졌습니다. 집터 내부에서는 평기와와 수막새 2점이 출토되었고, 기둥구멍 바닥에는 받침돌이 깔려있는 원시적인 초석의 형태를 띠고 있어 부분적으로나마 기와를 사용하였던 것으로 추정되었습니다. 이어서 실시된 터 파기 구간 남쪽과 동쪽의 발굴에서도 집터 8기와 수혈유구 30여 기 등이 조사되었고 환호유구가 남쪽으로 계속 연장되는 것도 확인할 수 있었습니다. 그 가운데 집터 2호와 3호 등은 탄화된 상태로 거의 완전하게 발굴되어 초기 백제시대의 주거지 모습을 규명할 수 있는 중요한 자료가 되고 있습니다. 한편 위 발굴조사 현장 바로 남쪽의 아파트 신축 현장에서도 발굴조사 결과 집터 8동기와 구덩이유구, 3중의 환호 유구 등이 확인됨으로써 풍납토성 내부의 대략적인 유구분포 상황을 추정할 수 있게 되었습니다.

이상 풍납토성 내부에서 실시된 최초의 발굴조사에서는 기원 전후시기의 풍납동식 무문토기가 주로 출토되는 환호유구 및 타날문(打捺文)토기와 연질(軟質)무문토기를 위주로 하는 초기 백제시대 집터 19기, 토기가 흩어져 발견된 유구, 깨진 토기 등을 대량으로 폐기한 유구 및 구덩이 등 당시의 생활상을 밝혀 줄 만한 중요한 자료들이 다량 확보되었습니다. 층위상으로 환호보다 약간 시기가 늦은 것으로 보이는 평면 6각형 형태의 집터는 집터의 구조, 그리고 출토된 유물로 판단할 때 대체로 2세기 대에서 3세기 대에 조성된 것으로 보이고, 기타 토기가 흩어져 발견된 유구와 폐기된 유구 등의 연대는 4세기에서 5세기 정도로 추정되어 풍납토성의 연대가 『삼국사기』 등의 문헌에서 보이는 한성백제 존속 기간과도 일치하고 있음을 보여 줍니다.

1997년 풍납토성 내 재건축 부지에서 앞서와 같이 백제시대의 중요한 유구들이 발굴됨에 따라 문화재청과 서울시에서는 단계적으로 추진 중인 풍납토성의 성벽복원 계획을 마련하게 되었습니다. 따라서 토성벽의 학술 및 복원정비 기초자료를 확보하고자 1999년 6월부터 10월까지 국립문화재연구소가 발굴조사를 하였습니다. 최초 발굴조사가 시작되기 전에는 현재 정비된 북벽의 규모를 볼 때 토성 뿌리의 폭이 10여m에 높이는 6 ~ 7m 정도의 사다리 꼴 형태로 보았습니다. 그러나 실제 발굴조사에서 드러난 토성의 규모는 우리의 상상을 초월하는 거대한 것이었습니다. 발굴조사 결과 추정된 당시 성벽의 규모는 성벽의 아랫부분의 두께가 자그마치 40m가 넘었고, 높이는 12m에 달했습니다. 이러한 거대한 성벽이 장장 3,500m나 둘러쳐 있었던 것입니다. 한강 유역의 성곽 중에서 풍납토성과 비슷한 규모의 성곽은 존재하지 않습니다. 가장 비슷한 규모인 몽촌토성의 규모가 총 길이 2,285m라는 점을 본다면 풍납토성을 백제의 도성으로 추정하는 것은 합리적인 결과입니다. 이로써 멀리는 고려시대와 조선시대, 일제강점기부터 논란이 되었던 한성백제의 도성은 풍납토성으로 대부분의 학자들이 결론을 내리게 되었습니다.

〈풍납토성 단면 복원 모습〉(한성백제박물관, 김진호 촬영) 이렇게 거대한 성벽이 3,500m
가 넘게 둘러쳐 있었습니다.

■ 백제 축성 기술의 결정체, 풍납토성

현재 풍납토성은 동벽 1.5km, 남벽 200m, 북벽 300m 총 2.7km 정도
가 남아있지만 국립문화재연구소가 측량한 결과 성벽 전체 길이는 약
3.5km였다고 합니다. 이렇게 거대한 성벽을 쌓는 데 필요한 흙의 양은
얼마나 될까요? 그리고 얼마나 많은 사람들이 성을 쌓는 데 필요했을까
요? 이 질문에 대답하기 위해서는 약간의 계산이 필요합니다. 성벽의
아랫변 너비가 43m, 윗변 너비 15m, 높이 12m, 그리고 길이 3,500m의
사다리꼴 다면체의 부피를 구하는 공식에 대입해 보면 대략 1,075,200㎥
정도의 흙이 필요했음을 알 수 있습니다. 그런데 이때의 흙의 양은 흙을
정돈하지 않고 마구 쌓아 올렸을 경우의 양입니다. 풍납토성은 점질토와
사질토 등 물성이 다른 흙을 교차로 쌓고 잘 다진 성입니다. 따라서

흙을 잘 다져 쌓는 경우에는 더욱 많은 흙이 들어갑니다. 이 경우로 생각하면 대략 1,344,000㎥의 흙이 필요합니다. 체적 1,344,000㎥을 기준으로 삼으면 15톤 덤프 트럭(8㎥)의 경우 168,000대를 움직여야 하는 막대한 분량입니다.

고대 중국에서 토성을 쌓을 때 한 사람의 하루 작업량이 0.6㎥였다고 합니다. 이를 풍납토성 성벽 축조에 적용하면, 연인원 약 2,240,000명을 동원한 셈이 됩니다. 인부 1만 명이 224일을 꼬박 일해야 하는 작업량입니다. 4세기 무렵 백제의 전체 인구는 약 70~80만 명이었습니다. 과연 백제는 풍납토성을 1년 만에 쌓을 수 있었을까요?

풍납토성을 쌓는 일은 전쟁처럼 수개월 만에 끝나는 일이 아닌 데다 한정된 공간에서 여러 사람이 공동 작업을 해야 했으므로 하루에 1만 명씩 동원하기는 어려웠을 것입니다. 따라서 하루 2천 명씩 동원했다고 계산할 경우, 풍납토성을 다 쌓으려면 1,120일로, 대략 3년이 걸립니다. 그런데 2천 명이 1년을 꼬박 일하기도 물리적으로 어려울 뿐더러 장마철, 한겨울 등 계절 영향까지 감안하면 풍납토성 성벽을 쌓는 데에만 대략 4~6년의 기간이 소요되었다고 볼 수 있습니다. 고대 백제에서 2천 명을 동원하려면 배후에 약 4만 명의 지원이 필요했다는 연구결과에 따르면, 4만 명이 4~6년 동안 꼬박 희생한 피와 땀의 결과물이 바로 풍납토성 성벽인 것입니다.[21]

풍납토성의 성벽을 조사한 결과 거대한 성벽 규모의 확인은 물론 거대한 토목공사인 성곽 축조를 이루어낸 고대 백제인의 우수한 토목 기술을 밝힐 수 있게 되었습니다. 백제인들은 막대한 양의 흙을 쌓아올려 거대하고 튼튼한 성벽을 만들기 위해 규모만큼이나 다양한 재료와 축조 기법을 사용하였습니다. 이러한 기법의 기본에는 성을 쌓는 재료인 '흙'에 대한 깊은 이해가 기본 중의 기본이겠습니다. 그럼 흙에 대해서 알아

---

21) 김기섭, 「2천 년 고도 서울의 부활 한성백제박물관」, 『특집 동아시아 역사도시를 가다』, 인천문화재단, 2012.

볼까요? 건축 재료로서의 흙은 동양에서는 생명의 뿌리라는 의미도 함께 갖습니다. 다음 글은 건축 재료로서 흙이 갖고 있는 의미를 잘 보여주고 있습니다.

> 중국의 천지창조 신화에 의하면 여신 여왜(女媧)가 돌을 녹여 홍수를 막고 남은 부드러운 흙가루를 뿌려 땅을 만들고, 흙과 물을 이겨서 사람을 만들었다. 그러니까 땅(마른 흙)과 사람(진흙) 모두 흙으로 만들어진 것이다. …(중략)… 흙 '토(土)'자에서 두 개의 가로획 '二'은 지표와 땅속을 상징한다. 수직으로 내려오는 획 '丨(뚫을 곤)'은 자라나는 만물을 가리킨다.[22]

이처럼 흙은 만물의 근원, 생명의 근원이라는 의미를 지니고 있습니다. 물질로서의 흙을 단순한 재료로만 파악하는 것이 아니라 자연의 섭리, 인간과 세계와의 관계로 의미짓는 일은 인간이 갖는 특별한 능력이라고 생각합니다. 이에 더하여 건축의 재료로서 흙의 성질에 대해서도 다음과 같이 정리하고 있습니다.

> 1. 적당한 물기를 더하면 서로 달라붙는다.
>   마른 후에는 본래의 모습으로 돌아간다.
> 2. 압력을 가하면 단단해지고 헤집으면 부드러워진다.
> 3. 식물섬유가 흙의 결집력을 강화시킨다.
> 4. 쌀풀(찹쌀 풀)을 넣으면 더욱 단단해진다.
> 5. 불에 구우면 단단해져 그릇이 된다.[23]

백제인들은 이런 흙의 특성을 잘 알고 성을 쌓는 데 활용하였습니다. 흙으로 성벽을 쌓는 방법은 석재를 운반하기 어려운 경우에 많이 사용됩

---

22) 자오광차오·마젠충 지음, 이명화 옮김, 『세상에서 가장 친절한 중국 건축 이야기』, 다빈치. 2014, 50~51쪽.
23) 자오광차오·마젠충 지음, 이명화 옮김, 위의 책. 54쪽.

니다. 풍납토성이 있는 한강 유역은 성벽을 쌓을 돌을 구하고 운반하기에는 적절하지 않습니다. 그러나 한강 유역은 강변의 모래와 더불어 퇴적토 등 다양한 흙을 구하기에는 적합한 곳입니다. 한편 돌로 성벽을 쌓은 경우에도 성벽의 바깥쪽만 돌로 쌓고 안쪽으로는 흙과 돌을 다져 쌓은 경우가 많았습니다. 그 이유는 흙은 가장 구하기 쉽고, 자신의 힘에 따라 가능한 만큼 운반이 가능하기 때문입니다. 흙으로 성벽 등을 만드는 방법에는 일반적으로 삭토법, 판축법, 유사판축과 성토다짐, 부엽공법, 성토 등이 있습니다. 풍납토성은 이 중에서도 가장 고도의 기술이 사용되었습니다.

풍납토성에 사용된 기법으로 가장 대표적인 것이 판축 기법입니다. 판축은 산성이 아니라 평지성의 경우에 주로 사용한 축성법으로 토성의 축조기술 중 가장 고도의 기술과 많은 인력, 그리고 자원이 투입되는 공법입니다. 먼저 지반을 정리한 후 일정한 간격으로 구획을 나누고, 구획 안에 나무 기둥을 세우고 나무판을 댑니다. 그리고 점토[뻘흙]와

〈판축기법으로 쌓은 풍납토성 구조〉(수원화성박물관, 김진호 촬영) 토질의 압밀 현상을 이용한 판축 기법으로 쌓은 토성은 돌로 쌓은 석성 만큼이나 견고합니다.

모래, 나무껍질 등을 켜켜이 반복해 쌓은 후 나무공이 등으로 다집니다. 이렇게 한 구획을 쌓으면 다시 옆으로 이동해 똑같은 작업을 반복합니다.

판축으로 다져진 토성은 매우 견고하여 석성에 버금가는 정도의 견고함을 자랑합니다. 판축이 견고한 이유는 "토질의 압밀 현상(Consolidation)"을 이용한 공법이기 때문입니다. 보통 우리가 알고 있는 흙은 흙입자와 흙입자 사이의 공간들로 이루어져 있습니다. 흙입자 사이의 공간은 보통 물과 공기가 들어차 있습니다. 우리가 땅이라고 말하는 것은 흙입자와 공기와 물이 섞여서 하나의 덩어리를 이루고 있는 것입니다. 흙을 다지는 이유는 흙입자 사이의 물과 공기를 최대한 빼내서 입자 사이의 간극을 줄이기 위해서입니다. 입자 사이의 간극이 줄면 줄수록 땅이 단단해지게 되는데 이를 '토질의 압밀 현상(Consolidation)'이라고 합니다. 그래서 판축기법으로 쌓은 풍납토성이 천 년이 지나도 무너지지 않고 굳건하게 서 있는 것입니다.

풍납토성 축조에 적용된 또 다른 기술은 부엽공법입니다. 토성을 쌓을 때, 지반이 약한 경우에는 갈대 등의 식물이나 나무껍질을 엮어서 흙과 함께 쌓아 올립니다. 이렇게 식물의 섬유질을 보강재로 사용하는 것을 부엽공법이라고 합니다. 이것은 흙의 강도를 높이고 성토된 흙이

〈풍납토성 축조 모습〉(한성백제박물관, 김진호 촬영)

▲〈나무껍질과 나뭇잎 등을 쌓은 부엽공법〉(한성백제박물관, 김진호 촬영) 나무껍질 등을 흙과 함께 쌓으면 토성벽을 더욱 단단하게 쌓을 수 있습니다.

◀〈판축공법을 사용한 성벽 쌓기〉(한성백제박물관, 김진호 촬영) 나무공이로 흙을 다지고 있습니다. 흙입자의 간극을 줄여 단단하게 만드는 과정입니다.

흘러내리거나 쓸려나가는 것을 방지하는 효과가 있습니다. 제방을 쌓는 경우 쌓은 흙 사이로 물이 스며들면 제방이 무너질 우려가 있습니다. 이때 식물을 깔아서 만든 부엽층이 배수층 역할을 하였습니다. 성벽의 성토층에서도 이와 같은 역할을 했을 것입니다. 부엽공법은 토성을 쌓을 때 따로 적용되는 공법이 아니라 판축, 유사판축, 성토 다짐 등 흙을 이용한 구조물을 만들 때 공통으로 사용되었습니다.

■ 발굴을 통해 드러난 풍납토성의 건축 과정과 시기

성벽의 발굴조사 과정을 통해 확인된 풍납토성의 축조 과정을 살펴볼까요? 먼저 자연 그대로의 땅을 평평하게 정리합니다. 그리고 약 50cm 두께의 뻘흙을 깔아 기초를 다집니다. 뻘흙은 물을 만나면 물러지지만 수분이 빠져나가면 단단해지는 특성을 가져 단단한 기초를 이루는 데 효과적입니다. 기초가 다져지면 기초 위로 아래쪽 폭 7m, 높이 5m 정도의 사다리꼴 모양의 중심부를 흙으로 다져 쌓습니다. 이를 '토루'라고 부르기도 합니다. 이 중심부는 성벽 본체를 덧붙일 수 있도록 지탱하는 중심부의 심 역할을 합니다. 이제 토루의 안쪽으로 사질토와 일반 흙 등 성분을 달리하는 흙들을 교대로 몇 차례에 걸쳐 덧붙여 쌓습니다. 이때 약해진 부분은 기둥을 세우고 나무판을 댄 후 흙을 붓고 달구질을 통해 흙을 다져 쌓는 판축 공법을 집중적으로 적용합니다. 마지막으로 흙으로 쌓은 윗부분에 강돌을 세 겹으로 깔고 성벽의 안쪽 면에는 할석(割石)이라고 부르는 깨진 돌(또는 깬돌)을 1.5m 이상 쌓아 마무리합니다. 성벽의 윗부분에 강돌을 깔고 안쪽 벽에 할석을 쌓아 마무리 한 이유는 흙으로 쌓은 부분이 빗물에 의해서 또는 기타 이유로 흘러내리거나 흙이 밀려 성벽이 무너지는 것을 막기 위해서입니다. 그리고 깔아놓은 돌 틈으로 빗물 등이 빠져나가게 하는 배수의 기능을 하게 한 이유도 있습니다.

한편 성벽의 일부 구간에는 흙을 쌓을 때 나뭇잎이나 나뭇가지 등을 얇게 깔고 다시 흙을 쌓는 작업을 10여 차례 반복한 부엽공법을 적용하였는데 이는 낙엽 등의 식물 유기체 층이 흙을 잡아주는 역할을 함과 동시에 배수의 기능을 담당하게 한 것입니다. 우리가 단순히 흙을 쌓아 올린 토성이라고 부르는 풍납토성에는 흙뿐만 아니라 돌, 목재, 나뭇가지와 나뭇잎 등의 식물 유기체 등의 다양한 재료가 구간별로, 목적별로 함께 사용된 것을 알 수 있습니다. 이렇게 다양한 재료를 결합시키는 고도의 공법은 천오백 년이 지난 지금도 당당하게 풍납토성이 서 있을 수 있는 기반이 되었습니다.

1999년 시행된 발굴조사의 자료를 통해 풍납토성을 언제 쌓았는지에 대한 논의가 일기 시작하였습니다. 발굴조사에서 나타난 여러 가지 자료를 통해 이 토성이 늦어도 3세기 전후에 완성된 것으로 추정되었습니다. 이는 3세기 전후로 백제가 강력한 왕권을 중심으로 하는 중앙집권국가 체제를 형성했음을 입증하는 근거가 됩니다. 왜냐하면 강력한 절대권력 없이는 둘레 3km에 이르는 거대한 토성을 축조하기란 불가능한 일이기 때문입니다. 다만 정확한 축성 시기를 정하는 데는 아직도 다양한 주장이 제기되고 있습니다. 풍납토성은 한 번에 축조된 것이 아니라 처음 축조된 이후 여러 차례 개축이 이뤄진 것으로 보이는데 축조가 시작된 시기를 밝히는 데 사용되는 방법이 성벽과 성 안에서 출토되는 유물이 제작된 시기를 조사하는 방법입니다. 특히 토기는 재료와 형태에 따라 나라와 시기별로 각각 다르기 때문에 연대를 결정짓는 중요한 기준 유물의 역할을 합니다.

이 중 경질무문 토기와 장란형 토기는 풍납토성이 본격적으로 축조되기 이전에 있었던 마을을 둘러싼 방어시설인 환호에서 출토되는데 2세기 때의 낙랑 토기와 유사하여 성벽이 만들어지기 전 취락과 관련된 토기로 보입니다. 성벽의 성토층에서 발굴된 타날 심발형 토기의 출현 연대는 3세기부터 4세기 중엽까지 학자마다 다양한 견해를 보이고 있고 이에 따라 성벽의 처음 축조 시점도 3세기부터 4세기까지 서로 다르게 제시하고 있지만 늦어도 4세기 중엽 이전에는 성벽의 축조가 시작되었을 것으로 추정하고 있습니다.[24]

〈풍납토성 성벽에서 출토된 경질무문토기〉(한성백제박물관, 김진호 촬영)

---

24) 김낙중, 「백제의 도성」, 『삼국시대 고고학개론1』, 진인진, 2014.

한성백제기의 도성은 당의 장안성이나 일본의 헤이조쿄처럼 고대 동아시아 지역 도성의 잘 정비된 모습은 아니었을 것으로 보입니다. 그 이유는 풍납토성 등이 건설된 3~4세기에 걸친 시기는 중국조차 정연하게 정비된 도성제가 확립되지 않았기 때문입니다. 왕이 사는 궁성과 이를 둘러싼 외성이라는 도성의 일반적인 구조 역시 중국에서도 5세기 말에 이르러서야 확립되기 시작합니다. 따라서 장안성과 헤이조쿄에서 볼 수 있는 바둑판식의 구획을 풍납토성에서 찾을 수는 없을 것입니다. 백제의 도성인 풍납토성 지역도 3세기 중엽까지는 환호에 둘러싸인 커다란 마을 정도의 형태를 가졌습니다. 우리가 보는 거대한 풍납토성의 축조는 백제가 고대 중앙 집권국가로서의 체제가 성립된 시기 대략 3세기 후반에서 늦어도 4세기 전반에 이루어졌을 것으로 보입니다.[25] 그럼 본격적으로 풍납토성 내부를 살펴보도록 할까요?

3. 풍납토성 둘러보기

■ 성벽이 잘 남아있는 북벽과 동벽

전철 5호선과 8호선이 연결되는 천호역에서 내려 9번 출구로 나오면 풍납1동 주민센터를 지나 풍납도깨비 시장으로 들어가는 길이 있습니다. 풍납도깨비 시장은 좁은 골목 안에 많은 상점이 밀집되어 있는 재래시장입니다. 시장의 입구에서 오른쪽으로 야트막한 언덕처럼 보이는 곳이 바로 풍납토성의 동벽입니다. 동벽 주변으로 조성된 근린공원에는 나이든 어르신들이 소일하는 모습을 볼 수 있습니다.

동벽을 따라 올라 북벽 쪽으로 올라가 볼까요? 북벽을 따라 오른쪽 큰 길은 천호대교를 통해 한강을 건너가는 길입니다. 길 건너에는 아차

---

25) 권오영, 「한성기 백제 도시의 경관」, 2012년 중부고고학회 춘계 정기 학술대회 발표집, 2012.

산이 있습니다. 이 북벽과 동벽은 1976년부터 1978년 사이에 서울시에서 복원한 곳입니다. 그 전에는 지금보다 훨씬 더 성벽이 무너져 있었을 것입니다. 당시에는 풍납토성이 북쪽 고구려의 침략에 맞서 한강 유역을 방어하기 위한 목적으로 쌓은 사성으로 판단했기 때문에 성벽의 복원에만 신경을 쓰던 시기입니다. 게다가 성벽의 크기도 당시 남아 있는 정도로만 판단했습니다. 풍납동에 계속 살았던 대부분의 주민은 이런 인식이 그대로 남아 있기 때문에 최근 풍납토성의 위상 변화에 대해 감정적으로 받아들이는 것이 어려울 수밖에 없습니다. "아니, 옛날에는 별로 신경도 안 쓰다가 갑자기 백제의 도성이라며 개발도 못하게 해서 재산권을 빼앗다니..."하고 말입니다.

　북벽의 중간에는 성 안으로 들어가는 길이 있습니다. 성 안은 이미 주택들로 가득 차 있어 천 오백여 년 전의 모습을 전혀 알 수 없습니다. 그렇다면 한성백제 시기의 풍납토성 내부 공간은 어떻게 이루어졌을까요? 지금까지의 발굴 성과를 바탕으로 찬찬히 살펴봅시다. 먼저 성의 외부와 내부를 연결하는 문과 도로를 보면 동벽에만 2~3개의 문이 있었

〈풍납토성 동벽〉(김진호)

〈풍납도깨비 시장 입구 동벽 앞에 쌓인 쓰레기〉(김진호)

〈풍납토성 북벽〉(김진호)

〈풍납토성 북벽 중간 통로〉(김진호)

고 북쪽과 남쪽에도 1개 정도의 문이 있었을 것입니다. 서벽은 1925년 대홍수로 완전히 유실되어 동벽과 비슷했을 것으로 대략 추정만 할 뿐입니다. 문에서 궁궐 내부를 관통하여 외부로 나가는 도로망이 있었을 것으로 보입니다. 도로망에 의해 성의 내부는 몇 개의 구획으로 나누어지는데 먼저 왕이 거주하는 궁전과 제사를 지내는 공간을 비롯한 주요 시설은 성의 북쪽에 위치했을 것으로 추정됩니다.

지금 한강을 조망하기 위해 우뚝 서 있는 아파트 단지가 한강변에 있고, 이와 대조적으로 풍납도깨비 시장 주변에는 다가구 주택과 연립주택이 빼곡하게 들어차 있습니다.

■ 신성한 공간, 경당역사공원

그럼 제사 공간 등 국가 중요 건물이 있었던 곳으로 추정되는 경당역사공원으로 먼저 가 볼까요? 풍납도깨비 시장을 지나다 좁은 골목으로 빠져 들어가면 오래된 단독 주택 건물 사이사이에 이가 빠진 듯이 빈 공간에 녹색 철책이 쳐진 곳을 볼 수 있습니다. 이곳은 문화재청과 서울시가 토지를 사들인 곳입니다. 이곳을 지나다 보면 경당역사공원을 만납니다.

원래 경당연립이 있던 이곳은 아파트 재건축이 계획된 곳이었습니다. 그러나 1997년 이후 긴급 발굴조사 대상이 되어 2천여 평의 재건축부지 내 중심 지역 1천여 평에 대해 구제발굴[26]이 진행되었습니다. 당시 조사

---

26) 발굴은 크게 학술발굴과 구제발굴로 분류됩니다. 학술 발굴은 고고학적인 문제를 해결하기 위한 목적으로 진행되는 발굴로 복원을 전제로 이루어집니다. 구제발굴은 도로나 댐의 건설 등으로 인해 유적이 파괴될 처지에 있을 때 행하는 발굴입니다. 구제발굴의 경우 복원할 가치가 없다고 판단되면 유물을 수습하고 보고서를 내면 그 유적은 도로가 되거나 댐, 주택단지, 공단 등 원래 계획대로 건설이 진행됩니다. 유적의 완전 파괴가 이뤄지는 것입니다. 하지만 보전과 복원 가치가 있다고 판단되면 개발이 중단되기 때문에 개발하고자 하는 기관 또는 기업과 갈등이 일어나는 경우가 많습니다. (국립문화재 연구소, 『한국 고고학 사전』, 「발굴」, 학연문화사, 2001 참조)

를 맡았던 한신대학교 박물관이 발굴을 시작하자 예상치 못했던 많은 유구와 유물이 말 그대로 쏟아져 나왔습니다. 당초 몇 개 유물만 수습하고 보고서를 내면 아파트 공사가 시작될 줄 알았는데 쏟아져 나오는 유물로 인해 발굴조사 기간이 점점 길어지자, 애초 계약한 발굴 비용으로는 조사가 불가능한 지경까지 이르렀습니다. 이런 상황에서 재건축을 맡았던 건설사가 부도를 맞자 재건축 조합원들이 발굴 비용을 계속 부담하는 조건으로 발굴이 계속됩니다. 그런데 조합 측의 기대와는 달리 조사가 진행될수록 중요한 유구와 유물이 쏟아져 나와 이곳을 사적으로 지정해야 한다는 여론이 일게 되었습니다.

비좁은 다세대 연립에서 수십 년을 살다가 번듯한 아파트를 갖게 될 꿈에 부풀었던 재건축 조합원들에게 이런 여론은 가슴이 덜컥 내려앉는 이야기였을 것입니다. 2000년 5월 13일 오전 7시 재건축 조합측은 굴착기를 동원하여 다섯 시간 동안 유적을 파괴하는 돌발 행동을 일으킵니다. 발굴 유적을 다 부숴 버리면 재건축이 이뤄질 것이라는 극단적인 생각을 한 것입니다. 그러나 발굴 단원들에 의해 이들의 만행은 저지되고 이튿날 신문과 방송에서는 경당연립에서 벌어진 유적 파괴가 크게

〈풍납토성 경당역사공원 정문〉(김진호) 경당연립을 허물고 아파트 재건축 공사를 하기 전 형식적 절차로 알았던 사전 발굴 조사에서 한성백제의 비밀을 풀 수 있는 중요한 단서가 발견되었습니다. 재건축은 취소되고 지금은 역사공원이 되었습니다.

다루어져 전국적 관심을 받게 되었습니다. 급기야 당시 김대중 대통령까지 나서서 "문화재 문제는 매우 신중하게 다뤄야 합니다. 더구나 풍납토성이 백제 위례성 성지(城地)라는 사실이 확인된다면 역사적 가치는 대단한 것"이라는 지침을 내렸고, 결국 그곳 주민들의 소망과는 정반대로 경당연립 재건축부지는 풍납동 토성 사적으로 추가 지정되었습니다.

이후 한신대학교에서 국립문화재연구소로 관리 소관이 넘어오고 이후 발굴조사 결과 경당연립 재건축 부지는 풍납토성 내부 공간 중 핵심적인 공간이었을 것으로 추정됩니다. 1999년과 2008년에 조사된 경당지구에서 왕의 거주 공간인 궁전 유구는 아직 확인되지 못한 상태이지만, 왕실의 주요 의식과 제사가 진행된 것으로 추정되는 유구와 유물이 출토되었습니다.

가장 대표적인 건물지로 경당 지구의 44호 유구가 있습니다. 이곳은 주실 규모만 동서 16m, 남북 18m 이상이 되는 대규모 건물지입니다. 그런데 이런 대규모의 건물에서 출토된 유물은 달랑 그릇 1점뿐입니다. 일반 건물의 구조와는 다른 특이한 구조와 함께 심한 화재로 폐기된 것으로 보이는 흔적 등은 이 건물이 특별한 용도로 사용되었을 것이라는 추측을 가능하게 합니다. 아마도 종교 건축물이었을 것으로 보입니다. 이와 함께 경당 지구 101호 유구는 44호 건물과 함께 있거나 약간 선행한 건물로 보이는데 제의에 사용된 것으로 추정되는 동물의 뼈와 '直(?)' 자로 추정되는 글자가 새겨진 전돌, 중국 동전인 오수전이 출토되었습니다. 경당 지구 9호 유구는 길이 13.25m에 달하는 대규모 건물지로 1,000여 점 이상의 소형 제기류를 포함한 다량의 유물이 출토되었습니다. 흥미 있는 부분은 이 제기들이 의도적으로 깨서 버린 것처럼 보인다는 점입니다. 또한 왕실의 제사에 주로 사용되는 소와 말의 머리, '대부(大夫)'라는 한자가 새겨진 항아리 등이 출토되어 이곳에서 나라의 번영을 기원하는 대규모의 제사의식이 펼쳐졌음을 짐작하게 합니다.

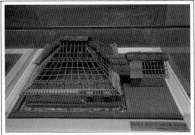

〈경당 지구 44호 건물지〉(김진호) 백제의 중요 제사가 행해지던 건물로 추측하고 있습니다.

〈44호 건물 복원 모형〉(한성백제박물관, 김진호 촬영)

경당 206호 유구는 건물이 아니라 특이한 형태의 우물입니다. 동서 10.5m, 깊이 3m 이상의 공간을 파내고 사질토와 점토를 교대로 채워 넣으면서 만든 특이한 구조의 이 우물은 우물 제사를 지내는 성스런 공간이었음을 짐작하게 합니다. 특히 이 우물의 내부에서는 230여 점에 달하는 토기류가 층층이 포개져 출토되었는데, 모두 주둥이 부분이 깨져 있었습니다. 이는 일정한 의식을 치른 후 토기를 의도적으로 깨거나 뜯어낸 것으로 추정됩니다. 이 우물에서는 한성 지역의 토기뿐 아니라

〈풍납토성 경당역사공원 우물지〉(김진호) 이 우물지에서는 발굴 당시 230여 점의 깨진 토기가 출토되었습니다.

충청과 호남 지역의 토기도 공존하고 있어 한성의 왕실과 중앙 귀족뿐 아니라 지방 세력들도 함께 참여한 신성한 행사가 진행되었다는 것을 알 수 있습니다. 그리고 이 우물을 둘러싸고 주변에 여러 시설물이 배치되었던 흔적이 있어, 왕실의 성스러운 '물의 제사'와 관련된 우물, 이른 바 '어정(御井)'이 아닌가 추정됩니다.

한편 경당 196호 유구에서는 길이 10.8m, 폭 5.8m의 네모꼴 구덩이 내부에 33개체의 중국제 동전 문양이 찍힌 시유도기와 7개체의 백제 토기가 발견되었습니다. 다른 지역 출토 토기와 다른 점은 토기 속에서 복어와 도미 뼈가 발견되었다는 점입니다. 이를 통해 항아리에 생선을 넣어 발효시켜 먹는 식습관이 백제의 지배층에 있었다는 것을 알 수 있습니다. 이외에도 경당 101호, 경당 9호 등 유구에서는 소, 말, 멧돼지, 사슴, 곰의 뼈 등이 발견되어 당시 백제의 지배층들의 호화스러운 식생활의 단면을 엿볼 수 있게 되었습니다.[27]

■ 풍납 백제 문화공원

경당역사공원에서 한강이 있는 쪽으로 조금만 걸으면 오른쪽에 한가람 아파트를 두고 넓은 공원이 보입니다. 이 공원이 풍납동 197번지 일원의 풍납 백제 문화공원입니다. 이곳도 경당역사공원과 비슷하게 재건축이 추진되던 지역이었습니다. 경당의 경우에는 연립주택이었다면 이곳은 단독주택과 상가들이 1999년도에 미래마을 재건축 조합을 결성하여 재건축을 추진하였습니다. 그러나 당시는 이미 신우 연립 재건축 부지와 경당연립 재건축 부지 등 풍납토성 내부에서 중요한 유구가 발견되고 여기에서 유물들이 쏟아져 나오면서 성 내부 지역 보존에 대한 여론이 높아지는 상황이었습니다. 이런 상황에서 2000년 1차 시굴조

---

27) 권오영, 「한국고고학 연구와 풍납토성」, 『동북아시아 속의 풍납토성』, 제12회 한성백제문화제 국제학술회의, 백제학회, 2012.

사[28])에서 한성 시기의 백제 문화층이 그대로 남아 있는 것이 확인되어 사적으로 추가 지정되었습니다. 이후 국립문화재연구소에 의한 2003년 2차 시굴조사를 거쳐 2004년부터 2011년까지 발굴 조사가 이루어졌습니다.

조사결과 남북으로 교차되는 포장도로와 함께 도로 옆 물길인 측구(側溝)가 발굴되었습니다. 이곳의 도로 유구와 경당연립 지구에서 발굴된 도로와 측구 추정 유구를 통해 도로로 구획된 풍납토성의 내부를 추정할 수 있습니다. 남북으로 교차되는 이 도로는 지금은 유실된 서쪽 성벽을 따라 성의 내부를 돌아가는 순환로 역할을 했던 것으로 보입니다. 이 도로를 중심으로 도성 안의 공간이 기능별로 구분되었을 가능성이 높습니다. 또한 도로가 성의 중축선과 평행하게 혹은 수직으로 문까지 연결되었을 가능성을 보여 줍니다. 풍납토성 내부는 현대리버빌 지역의 수혈 주거지 밀집 지역, 경당 지구의 종교 및 제의 관련 유구 밀집 지역, 미래마을 부지의 도로 및 창고, 대형 건물 구역 등으로 구분할 수 있습니다.

〈풍납 백제 문화공원 입구〉(김진호) 토성에서 발굴된 그릇받침을 형상화한 안내 구조물이 재미있습니다. 이것이 무엇인지 모르는 사람들이 대부분이라는 것은 비밀.

〈공원 안 전경〉(김진호) 서울 시민들이 남녀노소 나와서 휴식을 취하는 공원이 되었습니다.

---

28) 본격적인 발굴조사 전에 이루어지는 사전 조사를 말합니다. 현행 법률에는 "건설공사 사업 면적 중 매장문화재 유존지역 면적의 10퍼센트 이하의 범위에서 매장문화재를 발굴하여 조사하는 것"을 시굴조사라고 말합니다.

〈풍납 백제 문화공원 도로 유구〉(김진호) 풍납토성에서는 남과 북, 동과 서를 연결하는 도로가 연결되어 있었습니다. 도로는 풍납토성이 기능으로 구분되어 있는 계획도시였음을 보여 줍니다.

또 한성백제 이전의 원삼국시대 주거지부터 한성백제 주거지와 저장 구덩이, 폐기 구덩이 등이 다량으로 확인되어 풍납토성이 원삼국시대부터 한성백제까지 변화된 상황을 파악할 수 있게 되었습니다. 특히 미래마을 가−2호 구덩이에서는 각종 어류와 닭, 자라, 말, 멧돼지, 소, 사슴 등의 유체가 발견되었는데, 이를 통해 백제 왕실을 비롯한 지배층의 사치스러운 식생활을 엿볼 수 있습니다. 그리고 물을 끌어들여 이용하는 도수(導水) 시설이 발굴되었는데 이러한 시설은 백제 귀족들이 정원을 가꾸기 위해 만든 것은 아닌가 생각됩니다.

특히 이곳에서 한성 백제 시기의 최초의 지상식 건물지가 확인되었습니다. 이 건물지에서는 건물의 기둥을 세우는 데 쓰는 주춧돌이 발견되었고, 기와 파편이 5,000여 개가 쏟아져 나왔습니다. 기와란 건물의 지붕을 덮는 데 사용하는 건축 부재입니다. 원래 나무로 지은 건축물의 지붕을 이을 때에는 이엉이나 볏집 또는 나무껍질 등을 사용하였습니다. 그러나 이런 식물성 부재는 물과 불에 약하고 금세 썩어서 오래 사용할 수 없었습니다. 이를 극복하기 위하여 점토를 빚어 물과 불에 강하고 반영구적인 강도를 자랑하는 기와를 제작하여 지붕에 사용하게 된 것입니다. 이렇게 목조 건물에 기와를 사용하여 지붕을 이는 것은 고대 동아시아 건축의 주요 특징 중 하나였습니다. 우리나라에는 기와가 언제부터 사용되었는지 정확히 파악할 수는 없으나 대략 한(漢)이 고조선을 무너뜨리고 한사군(漢四郡)을 설치한 시기를 전후로 추정됩니다.29) 초기에는 중국의 영향을 받은 기와가 출현하지만, 삼국 모두 저마다의 개성을 살린 기와를 만들어내었습니다. 특히 백제에는 나라에서 쓰는 기와만을 전담하는 와박사(瓦博士)라는 직책이 있었고, 위덕왕 35년(588)에는 일본에 와박사를 파견할 정도로 기와 제작 기술이 높았음을 알 수 있습니다. 특히 지붕을 이은 기와의 끝을 마감하는 암막새와 수막새는 다양한 문양을 새겨 독특한 아름다움을 자랑합니다.30) 풍납토성에서 발견된 와당에는 동전무늬을 비롯해서 동물무늬, 연꽃무늬 등 다양한 문양이 새겨져 있는데 이는 지방에서는 볼 수 없는 것들입니다.

도성에서 가장 중요한 건물은 왕궁일 것입니다. 하지만 현재까지의 발굴 결과 백제 왕궁은 아직 확인되지 못했습니다. 다만 왕궁 건물은 가장 크고 화려했을 것이므로 커다란 기둥이 세워지는 부분에 초석을 다진 초석 건물지일 가능성이 크고 건물의 지붕은 크고 화려하게 만들기 위해 당연히 기와를 대량으로 사용했을 것입니다. 이런 상황으로 미루어 본다면 경당역사공원과 풍납 백제 문화공원 인근이 왕궁지였을 가능성이 매우 크다고 하겠습니다.

위의 유적 분포도에서 볼 수 있듯이 미래마을 부지에서 발견된 건물은 외부로 빠져나가는 도로와 연결되어 있으며 대형 저장 시설과 함께 기단을 갖추거나 혹은 흙을 단단히 다진 토심 구조로 되어 있습니다. 성의 안과 밖을 연결하는 도로 및 이 도로를 통해 오갔던 각종 물품을

---

29) 국립문화재연구소, 『한국 고고학 사전』, 「발굴」, 학연문화사, 2001.
30) 한국박물관연구회, 『한국의 박물관』 5, 문예마당, 2005.

보관하던 대소형의 창고가 있었을 것으로 확인됩니다.

한 나라의 도성에서는 왕실, 귀족, 일반 평민에 이르기까지 다양한 계층의 사람들이 살았습니다. 그중 왕실과 중앙 귀족들은 피지배층과는 달리 화려한 생활 용구를 사용했습니다. 이들이 사용한 생활 용구를 전문적으로 생산하는 공방이 도성 안에 있었을 것으로 추정됩니다. 이를 짐작할 수 있는 유물들이 경당 지구에서 발견된 토기의 태토 저장소, 유리제품을 찍어내는 틀, 각종 철 찌꺼기, 만들다 만 것처럼 보이는 금제품 등이며, 인접한 삼화지구에서도 괭이를 주조하기 위한 흙 거푸집과 범심, 송풍관 등의 철기 제작 관련 유물들이 발견되었습니다.[31] 도성 내부에 대한 광범위한 발굴이 이루어지면 공방을 비롯한 화려한 도시 생활을 가능하게 하는 다양한 시설들이 확인될 것입니다.

■ 개발과 보존의 기로에 섰던 풍납토성

1925년 대홍수로 서벽이 유실되면서 출토된 유물로 주목받은 풍납토성은 일제에 의해 1936년 고적(古蹟)으로 지정되었습니다. 그러나 성벽만 지정이 되었고 성 안쪽은 지정되지 않았기 때문에 일반 민가가 하나, 둘 들어서고 아무도 돌보지 않았습니다. 이러한 상황은 해방이 된 후에도 그대로 이어졌습니다. 1963년 사적 11호(광주 풍납리토성)로 재지정되었으나 이때에도 성벽만 사적으로 지정되고 토성 내부는 방치되었습니다. 심지어 토성 255m 정도의 구간을 민간에 불하하기도 하였습니다. 당시 토성 내부에 거주하던 사람들은 모두 50가구였으니, 이 당시에 풍납토성 전체를 사적으로 지정했으면 개발과 보존이라는 문제를 둘러싸고 지금과 같은 대립이 생기지는 않았을 것입니다.

1964년, 서울대 고고미술사학과 학생들이 고(故) 김원룡교수의 지도하에 풍납토성에서 초보적인 발굴 실습을 하였습니다. 당시 토성 내외에

---

31) 권오영, 「한성기 백제 도시의 경관」, 2012 중부고고학회 정기학술대회, 2012.

는 민가가 얼마 없었고, 특히 토성 내에는 민가가 전무하다시피 했다고 발굴에 참여했던 조유전(전 토지박물관장) 선생은 회고하고 있습니다. 당시 실습발굴로 풍납토성이 초기 백제와 관련이 있는 유적이라는 사실을 입증하는 유구와 유물을 수습하는 조사 성과를 얻었습니다. 이때의 조사 성과를 토대로 토성 내부까지 사적 지정 범위를 넓혔다면 이후 성 내부로 사람들이 들어와 살지는 않았을 것입니다. 결과적으로 70년대에서 90년대에 지속된 개발로 인해 인구 4만여 명이 사는 대단위 주거 지역으로 변하고 말았고 이로 인해 개발과 보존의 대립이 심각하게 전개되고 말았습니다.32)

사실 수천 년의 역사를 가진 한반도 어디에 과거 삶의 흔적이 없는 곳이 있겠습니까? 말 그대로 '전 국토가 박물관'이라고 할 정도로 수많은 유적이 우리가 살고 있는 땅 속에 깊이 잠들어 있을 것입니다. 이러한 유적들이 급속한 경제 발전의 과정에서 지역개발이라는 이름으로 파괴되어 온 것이 지금까지의 상황이었습니다. 개발 과정에서 아파트를 짓고 공장을 지으면 이를 통해 직접적인 이득을 취하는 특정한 사람이 생기지만, 파괴되는 문화유산으로 손해를 보는 사람은 눈에 띠지 않으니까 아무도 손해라는 생각을 하지 않습니다. 하지만 파괴되는 문화유산은 우리의 유산이자 미래 후손들의 유산입니다. 공공의 소중한 문화자원이 파괴되어 사라지면 우리 모두의 손해입니다. 이러한 사실을 깨닫기 어려우니 늘 개발 측 논리가 이겨왔고 그렇게 많은 유산들이 파괴되었고, 지금도 파괴되고 있습니다.

그렇다고 개발하는 사람을 무조건 경제적 이득에 눈먼 사람들이라고 손가락질 하는 것도 정당한 처사는 아닙니다. 유적은 땅 속에 잠들어 있는 경우가 많아 발굴하기 전에는 그 가치를 알 수 없고, 만약 발굴된

---

32) 조유전, 「풍납토성의 조사성과와 의의」, 『풍납토성 500년 백제왕도의 비전과 과제』, 풍납토성 발굴 10주년 기념 제 16회 문화재연구 국제학술대회, 국립문화재연구소, 2007.

〈풍납토성 안 주민들이 재산권을 내세우며 세웠던 현수막(2015년)〉(김진호) 개발과정에서 경제적인 손해를 보거나 볼 것으로 생각하는 주민들의 반발을 어떻게 설득할 것인가도 매우 중요한 문제입니다.

유적이 가치가 있다고 인정되더라도 실질적인 손해를 보는 사람들은 개발에 참여한 사람들이니까요. 우리는 재개발, 재건축의 주체를 건설회사 등의 자본으로 보는 경우가 있지만(물론 실제 개발 이익의 대부분을 가져가는 것도 대자본이긴 합니다.) 실제 재건축 조합은 수십 년 간 낡은 주택에서 살면서 하루하루 열심히 사는 평범한 시민들이 대부분입니다. 이들은 발굴로 개발이 늦어지면서 늘어나는 금융비용을 자신들의 주머니에서 충당해야 합니다. 무작정 이들에게 공공의 이익을 위해서 개인의 경제적인 손해 등을 감수하라고 요구하는 것은 무리입니다. "만약 내가 그 상황에 처한다면 그럴 수 있을까?" 요렇게 생각해 보는 것도 필요합니다. 풍납토성의 본격적인 발굴을 통해 한성 백제의 모습을 제대로 파악하려면 그 안에 살고 있는 주민들에 대한 정당한 보상도 함께 이뤄져야 합니다. 2015년까지 풍납토성 보상은 유구 보존구역 1~3권역 72만 7005㎡ 중 35.1%에 불과한 25만 5370㎡에 한정돼 복원이 더뎠습니다. 그 때문에 주민들은 "보상에만 수십 년이 걸린다."며 불만을 드러냈습니다.

최근 서울시와 문화재청은 2020년까지 5137억원을 토입해 '풍납토성 조기 보상, 세계유산 등재 종합계획'을 진행한다고 합니다. 풍납토성 보상은 지난 22년간 보상 대상은 2·3권역 전체에서 왕궁 추정지 등 핵심 지역 중심으로 바뀌었고 이로 인해 조기 보상 대상지가 왕궁 추정지와 이미 보상을 신청한 지역으로 한정되면서 총면적은 5만 1000㎡로 줄었습니다. 이는 이전 보상 대상지(49만 2643㎡)의 10분의 1 수준입니다. 보상 방식도 주민 신청이 아닌 문화재청 등이 복원해야 한다고 판단한 곳을 먼저 보상하는 방식으로 바뀌었습니다.[33]

〈보상 완료된 집터에 조성한 소공원〉(김진호) 풍납토성안에 보상이 완료된 집터는 임시로 소공원, 주차장 등으로 조성하고 있습니다.

한정된 예산을 가지고서는 풍납토성 안에 살고 있는 주민 전체를 만

33) 서울신문, '풍납토성 5년내 토지보상... 5137억 투입', 2015.12.24.

족시키는 경제적 보상은 어려울 수 있습니다. 이렇게 선택과 집중을 통해 복원의 속도를 높이는 방법도 필요하다는 생각이 듭니다.

4. 몽촌토성 둘러보기

■ 몽촌토성이 올림픽공원 안에 있는 까닭은?

풍납초등학교 앞길을 지나 토성의 동벽을 빠져 나오면 영파여중고 사거리를 만납니다. 이 사거리에서 강동구청역을 지나 내려오면 왼쪽으로 야트막한 구릉이 있는 넓은 공원이 보입니다. 이 공원이 올림픽공원입니다. 몽촌토성을 찾아가는데 웬 올림픽공원이냐구요? 그건 올림픽공원 속에 몽촌토성이 있기 때문입니다. 몽촌토성(蒙村土城)의 주소는 서울특별시 송파구 올림픽로 424 올림픽공원입니다. 올림픽공원과 몽촌토성에는 국민들의 민주주의 열망을 총칼로 누르고 권력을 차지한 신군부 독재정권의 어두운 그림자가 깔려있습니다.

〈올림픽공원 안내도〉 이 지도에서 몽촌토성의 정확한 면모를 보는 것은 매우 어렵습니다.

〈올림픽공원의 정문에 해당하는 세계평화의 문〉(김진호) 거대한 조형물 아래에서 많은 사람들이 자전거를 타는 등 휴식을 즐깁니다.

1979년 10월 26일 18년 동안 민주주의 원칙을 무시하는 유신헌법을 만들어 장기 독재를 했던 박정희 전 대통령이 부하들과 술을 먹다 김재규의 총에 맞아 죽습니다. 국민들이 민주화의 단꿈을 꾸기도 전에 전두

환과 그의 절친인 노태우 등이 12·12 쿠데타를 일으켜 정권을 장악합니다. 이들 신군부 세력은 1980년 광주 시민들의 민주화 요구를 총칼로 무자비하게 진압한 후 전두환을 대통령을 하는 제5공화국을 탄생시킵니다. 군사독재의 압제는 사람들을 무릎 꿇게 만들 수 있지만 마음 깊이 간직한 자유와 민주주의에 대한 열망마저 없앨 수는 없습니다. 이런 열망이 점점 자라면 굽힌 무릎을 펴고 광장에 나와 민주주의를 외치는 사람들이 생겨납니다. 그리고 하나, 둘 늘어나는 깨어있는 시민들이 마침내 광장 전체를 뒤덮어 독재정부를 뒤집어 버리는 것입니다.

전두환 군사정권은 이런 점을 두려워해서 사람들의 마음까지 오염시키려고 했습니다. 이를 위해 군사정권이 펼친 것이 이른바 '3S 정책', 즉 스포츠(SPORTS)·성(SEX)·영화(SCREEN)로 대표되는 값싼 대중문화의 적극적인 육성정책입니다. 마침 수출산업의 성장을 바탕으로 한 1980년대 경제호황 속에서 사람들의 문화에 대한 욕구가 터져 나왔습니다. 이를 이용하여 1982년 프로야구 출범, 1983년 프로축구 리그 창설 등 본격적인 프로 경기들이 열렸고, 대규모 국제 경기를 유치하기 시작하였습니다.

올림픽 유치 계획은 박정희 정권 말기부터 있었지만 본격적인 계획은 전두환 정권이 실행합니다. 2인자인 노태우와 현대그룹의 고 정주영 회장을 중심으로 적극적인 스포츠 외교를 펼친 결과 일찍부터 준비를 한 일본의 나고야를 제치고 24회 올림픽 대회를 유치했습니다. 당시 개최국 후보지는 일본의 나고야밖에 없었습니다. 많은 국가들이 올림픽 유치에 뛰어들지 않은 것은 1972년 뮌헨 올림픽 테러 사건으로 보안 비용이 크게 증가했고, 1976년 몬트리올 올림픽이 사상 최악의 적자를 기록한 때문입니다. 여러 가지 곡절을 거친 끝에 1981년 9월 독일(당시에는 서독)의 바덴바덴에서 열린 올림픽 총회에서 일본의 나고야를 52 대 27로 꺾고 올림픽 개최지로 결정되었고, 올림픽 경기를 치르기 위한 경기장을 건설합니다. 이때 6개 종목의 올림픽 경기장을 건설하기 위해

1984년 45만평의 대지 위에 올림픽공원을 착공하여 1986년 완공합니다. 그리고 몽촌토성을 발굴, 복원하여 도심 속의 공원으로 계획한 것입니다. 이러한 내용이 올림픽공원 홈페이지에는 다음과 같이 올라와 있습니다.

> 올림픽공원은 지난 1984년 86아시안게임과 88서울올림픽대회 개최를 위해 45만여 평의 대지 위에 착공, 1986년에 완공되었습니다. 공원 중심부에 몽촌토성이 복원되었고 이를 중심으로 6개의 경기장이 반원형으로 배치되어 있어 서울올림픽의 감동과 한성백제의 숨결이 살아 숨쉬는 도심 속의 공원으로 조성되었으며 산책객, 스포츠교실회원, 공연관람객 등 다양한 계층의 이용이 해마다 증가하여 그 수가 2003년 기준으로 연간 약 570만 명에 이르고 있습니다.[34]

기록은 기억을 지우는 법입니다. 화려한 개막식과 폐막식, 이념 대결로 둘로 쪼개졌던 지난 대회를 극복하고 자본주의 진영과 사회주의 진영이 함께 참여한 지구촌 화합의 축제, 금메달 12개로 종합 순위 4위에 오른 역대 최고 성적 등으로 내전으로 폐허가 된 나라에서 신화적인 경제 발전을 이룬 개발도상국의 성공 모델로 세계에 대한민국의 이미지를 바꾸었습니다. 이러한 성공적인 이미지는 동영상과 신문 자료로 남아 오늘날까지 가장 성공적인 올림픽으로 우리는 기억하고 있습니다. 하지만 올림픽을 통한 국위 선양으로 선진국에 올라선다는 찬란한 구호 아래 진행된 밀어 붙이기식 개발 사업으로 얼마나 많은 철거민들이 살던 지역에서 강제로 쫓겨났는지 기억하는 사람은 매우 적습니다.

경기장 건설과 환경 정비라는 명목으로 상계동과 목동 등의 판자촌이 강제 철거됩니다. 심지어 성화봉송로 주변의 판자집, 올림픽 선수들이 입국하는 길목의 판자집들도 철거됩니다. 이들의 피눈물 나는 이야기들은 당시 일부 잡지에서만 볼 수 있었습니다.

---

34) 올림픽공원 홈페이지(http://www.olympicpark.co.kr/)

> 허울 좋은 86, 88올림픽이 없는 사람 다 죽여요. 살고 있는 주민들
> 다 쫓아내고 어쩌겠다는 거예요? 이건 재개발이 아니고 투기개발이요,
> 투기개발.[35)]

경찰과 용역깡패를 앞세운 철거는 폭력적인 방식으로 이뤄져 1986년
에만 철거 현장에서 5명의 도시 빈민이 숨졌습니다.[36)] 이렇게 현재 사람
이 사는 보금자리도 부수는 개발의 광풍에서 먼 옛날 사람들의 흔적인
유적이야 개발 독재 세력에게는 아무것도 아니었는지 모릅니다. 그럼
몽촌토성의 발굴과정을 살펴보도록 하겠습니다.

몽촌토성이 처음 학계에 보고된 시기는 일제강점기인 1916년의 일입
니다. 그러나 체계적인 발굴은 이 일대가 서울올림픽 경기장 부지로
확정된 이후에 시작되었습니다. 1983년 제1차 발굴조사에서 토성 보존
을 위해 성벽과 외곽시설을 조사하여 토성의 규모, 해자의 존재 등을
파악하였습니다. 그리고 1984년 제2차 발굴조사에서는 성벽의 축조 방
법과 토성 기단부의 위치를 파악하고 다양한 유물을 수습하였습니다.
1985년 제3차 발굴조사는 6개월간 진행되었는데 집자리와 저장구덩이
등이 확인되었고, 금동제 허리띠 꾸미개, 동전무늬 도기의 파편, 뼈로
만든 비늘갑옷 등 현재 몽촌토성을 대표하는 다양한 유물들이 출토되었
습니다. 1984·1985년의 2차례 발굴조사 결과, 토성벽 바깥쪽에 목책(木
柵)을 두른 구조와 토성을 방어하기 위한 해자(垓子)로 구성된, 지금까
지 확인된 바 없는 특수한 토성구조를 가졌음이 밝혀졌습니다. 이로
인해 몽촌토성이 백제 한성의 유력한 후보지로 떠올랐습니다.

1987년 시작된 제4차 발굴조사는 성 내부 전면 발굴 3개년 계획에
따라 먼저 동북 구역을 발굴하였고, 이후 1988년 동남 구역, 1989년 서남

---

35) 월간 『말』 1986년 08월호, 〈투기 개발에 저항하는 오금동 세입자들〉, 49쪽.
36) 월간 『말』 1987년 06월호, 〈철거현장에서 숨겨간 도시빈민〉.

구역을 차례로 발굴조사하여 연못지, 온돌건물지 등 다양한 시설을 확인하였습니다. 이상 6차례에 걸쳐 진행된 발굴 결과 확인된 성벽과 해자, 목책 흔적 등을 통해 성벽의 축조 방법이 파악되었고, 집자리 유적과 저장 구덩이 등에서 발굴된 다양한 유물들을 통해 한성 백제 사람들의 생활 모습과 활발한 대외 교류의 모습까지 파악할 수 있게 되었습니다.

2013년 몽촌토성에 대한 발굴조사가 재개되었습니다. 북문터 안쪽 부근에 대한 발굴조사에서 통일신라 시대의 유구와 유물이 확인되었는데, 이는 삼국통일 이후 신라사람들이 이곳에서 생활했음을 알 수 있어, 한성의 주인이 바뀌었음을 파악하게 해 줍니다. 그리고 통일신라 사람들의 흔적 아래에서 한성백제의 도로 유구가 확인되었습니다. 자갈과 점토를 섞어 다진 뒤 회와 자갈을 섞어 포장한 것으로 보이는 도로의 흔적은 몽촌토성의 성벽 축조와 관련 있는 것으로 보입니다.

그리고 2015년 확대된 발굴조사에서 토기류 600여 점, 금속류 100여 점, 옥석류 40여 점 등 750여 점의 유물이 발굴되었습니다. 몽촌토성에 대한 발굴은 앞으로 2024년까지 지속될 예정인데 이후의 발굴로 몽촌토성의 성격과 당시 생활 모습을 생생하게 밝혀줄 수 있는 유물이 나올 것으로 기대됩니다.

〈몽촌토성 전경〉(김진호)

■ 몽촌토성이 꿈마을로 불린 까닭은?

몽촌토성의 이름이 백제 때부터 내려오는 이름은 아닙니다. 고려시대에 고원성(古垣城)으로 불리다가 조선시대부터 몽촌으로 이름이 바뀌었습니다. 몽촌이라는 지명이 처음 등장하는 것은 조선시대 『신증동국여지승람』입니다. 여기에 "망월봉은 주에서 서쪽으로 10리 떨어진 몽촌(夢村)에 있다."고 기록되어 있습니다. 여기서 망월봉은 몽촌토성의 서쪽에 있는 산봉우리를 가리킨다고 합니다. 같은 책에 고려 말 우왕 6년(1380)에 조운이라는 사람이 관직에서 은퇴하여 몽촌에 은거했다는 기록도 있습니다. 이로 미루어 몽촌이라는 지명이 고려 말에서 조선 초 사이에 생긴 것을 알 수 있습니다.

몽촌 즉 '꿈마을'의 이름이 '곰마을'이었다는 이야기도 있습니다. 고조선의 단군신화에 나타나는 곰 토템(곰 숭배 사상)에 의거하여 백제 때부터 '곰마을'이 있었는데, 시간이 흘러 '꿈마을'로 변형된 뒤 한자로 바뀌어 표기되면서 '몽촌'이 되었다는 이야기입니다.

토성 북쪽에는 풍납토성과 아차산성이 있고, 동쪽으로는 이성산성과 남한산성, 서남쪽에는 삼성동토성이 있어서 외적을 방어하기에 유리합니다. 또한 토성 주변에는 석촌동, 가락동, 방이동 등의 고분군들이 남아 있습니다.

성은 둘레가 약 2.3km입니다. 언뜻 보면 넓은 평야에 성을 쌓은 것처럼 보이지만 지형이 변화된 때문이고, 한성백제 시기의 이곳은 남한산의 산줄기가 뻗어 내려온 자연 구릉의 끝 부분에 쌓은 것입니다. 그래서 성의 대부분은 자연 구릉의 경사를 이용하고 구릉이 끊어지거나 낮은 곳은 필요에 따라 판축법을 이용하여 성벽을 쌓았습니다. 경사가 완만한 곳은 경사면을 급하게 깎는 삭토법을 이용하여 경사를 급하게 하였습니다. 이렇게 자연 구릉이 갖는 지형적인 장점을 최대한 이용하였기 때문에 그 형태가 정연한 네모꼴이나 원형이 아니라 들어갔다가 나왔다가 하며 구불구불 불규칙합니다. 그래도 크게 보면 대개 동서 최장 540m, 남북 최장 730m의 마름모꼴이며, 동북쪽 외곽에는 외성(外城)이 약 270m의 직선 형태로 자리 잡고 있습니다.

자연 지형을 그대로 이용하는 것은 성곽의 외곽을 휘감아 방어력을 높이는 해자를 설치할 때도 나타납니다. 성의 북동쪽은 한강에서 내려오는 성내천이 휘감아 흘러 자연적인 해자가 됩니다. 동쪽의 외곽 경사면에는 흙을 깎아서 경사를 급하게 만드는 삭토법을 사용하였고 해자를 설치하였습니다. 한편, 서벽과 북쪽의 외곽 경사면 그리고 외성지의 정상부에서는 나무기둥이 1.8m 간격으로 열을 지어 박힌 흔적을 발견하였는데요. 아마도 토성 벽의 바깥쪽에 쌓은 목책의 흔적으로 추정됩니다. 성벽의 바깥쪽 특히, 경사가 완만하거나, 방어에 불리한 지형의 부분에 이중으로 목책을 설치하는 경우는 많습니다. 그래서 부분적으로 목책을 복원하여 당시 성벽의 모습을 조금이나마 재현하고자 하였습니다.

〈몽촌토성 북쪽 외곽 경사면의 목책〉(문화재청)

성의 안팎을 드나드는 통로는 9개가 있는데, 이들은 성의 안팎을 연결

하는 문이 있었던 곳으로 추정됩니다. 구릉과 구릉 사이에 낮은 저지대
에서는 5m 두께의 진흙과 사질토 등 성질이 다른 흙을 차례로 쌓는
판축으로 성벽을 올렸습니다.

성 안에서는 당연히 사람들이 살았던 흔적들이 남아있습니다. 발굴
조사에서 확인된 유구들로는 백제의 독특한 주거지와 저장용 구덩이,
그리고 무덤 등이 있습니다. 이 유구에서는 많은 유물들이 수습되었는
데, 한성백제 시기의 생활 모습을 알려주는 다양한 종류의 유물들입니
다. 유물은 2기의 합구식(合口式) 옹관[37]을 비롯하여 복원 가능한 원통
형토기, 적갈색연질토기, 회백색연질토기, 갈색 회유전문도기(灰釉錢
文陶器) 조각, 토제어망추, 철기유물 등 500여 점이 넘습니다. 문살무늬
[격자문格子文]·새끼줄 무늬[승문繩文]을 새긴 두드림무늬[타날문打捺
文]토기는 백제 건국 초기의 것으로 추정됩니다. 백제 초기의 움집과
대형 저장용 구덩이의 발굴도 백제사 연구에 있어 매우 중요한 자료가
되고 있습니다.

특히 회색 유약을 바르고 동전 무늬를 새긴 회유전문도기는 중국 남
조의 서진(西晉)에서 제작된 것으로 보입니다. 서진 때가 대략 3세기
중, 후반이므로 몽촌토성의 축조 연대를 추정하는 중요 유물임과 동시에
백제와 중국의 활발한 교역을 입증하는 유물입니다.

한편 몽촌토성의 안팎에서는 5세기 말에 조성된 것으로 보이는 무덤
들이 많이 발견됩니다. 이로 미루어 고구려에 의해 한성이 점령되고
수도를 웅진으로 옮긴 뒤에는 더 이상 성으로의 기능을 하지 못하고
방치된 것으로 보입니다.

■ 몽촌토성과 풍납토성의 관계는?

한강 유역 지도에서 백제 유적의 위치를 보면 풍납토성이 북성, 몽촌

---

37) 2개의 항아리를 이용하여 시신을 안치한 관.

토성이 남성에 해당합니다. 몽촌토성은 북문지 안쪽의 평지를 제외하면 성 내부가 대부분 해발 25m 이상의 구릉을 이루고 있습니다. 따라서 성 내부 전역이 집단으로 사람들이 모여 사는 마을로 구성되기는 어렵습니다. 이로 미루어보아 풍납토성은 평상시 왕이 주로 거주하는 성, 몽촌토성은 비상시 왕이 몸을 피하는 성의 역할을 담당했을 것으로 추정하고 있습니다. 그리고 남성과 북성을 합하여 백제 도성인 한성이 하나의 세트로 구성된 것입니다. 몽촌토성은 왕궁과 관청, 왕실 직속 군대 등이 주둔하는 왕성이자 피난처의 기능을 동시에 가지고 있었을 것으로 추정됩니다.[38] 따라서 몽촌토성 내부에는 왕이 일시적으로 거주하는 별궁, 비상 물자를 저장하는 창고 등의 대피시설과 함께 병사들의 거주지와 훈련지 등의 군사시설이 설치되었을 것입니다.

그럼 당시 삼국의 도성 체계에 대해 잠깐 알아볼까요?

고대의 도성은 안팎으로 이중의 성곽을 쌓고 또 도성 주변에 산성을 갖추는 것이 보통이었습니다. 중국 지린성 지안시의 국내성이나 평양의 대성산성과 장안성이 고구려 성곽의 대표적인 사례이며, 공주 공산성이나 부여의 부소산성과 부여 나성 그리고 부여 외곽의 청산성, 청마산성 등이 백제 성곽의 좋은 예입니다. 신라 금성은 성곽을 갖추지는 않았지만 현재 경주시 외곽의 세 곳에 산성을 두어 산성의 전통을 잇고 있었음을 보여줍니다.

특히 고구려의 도성은 평지성과 산성이 짝을 이루도록 설계되어 평소에는 평지성에 거주하다가 전쟁이나 위급 시에는 산성으로 옮겨 대항하는 방식으로 운영되었습니다.

서기 475년 고구려 3만 대군이 백제의 한성을 공격합니다. 『삼국사기』에는 당시의 상황을 이렇게 기록하고 있습니다.

---

38) 한성백제박물관, 『꿈마을 백제이야기』, 몽촌역사관, 2016, 83쪽.

> 고구려의 대로 제우, 재증걸루, 고이만년 등이 군사를 거느리고 와서
> 북쪽 성을 공격한 지 7일 만에 함락시키고, 남쪽 성으로 옮겨 공격하자
> 성안이 위험에 빠지고 왕은 도망하여 나갔다. 고구려 장수 걸루 등이
> 왕을 보고 말에서 내려 절을 하고, 왕의 낯을 향하여 세 번 침을 뱉고서
> 죄목을 따진 다음 아차성 밑으로 묶어 보내 죽이게 하였다. 걸루와 만년
> 은 원래 백제 사람으로서 죄를 짓고 고구려로 도망했었다.[39]

기록에 따르면 7일 만에 북성이 함락되자 남성에 있던 개로왕이 성을
빠져 나와 도망가다 고구려 군에게 잡혀 죽임을 당했습니다. 여기서
7일 만에 함락된 북성이 풍납토성이고 남쪽 성이 몽촌토성에 해당합니
다. 한편 한성 함락에 대한 『일본서기』의 기록도 이와 비슷한 상황을
보여줍니다.

> 백제의 기록에 따르면 개로왕 을묘년 겨울 고구려의 대군이 대성을
> 협공하여 7일 낮밤을 공격하니 왕성이 함락되었다. 이로써 위례를 잃었
> 다.[40]

이 기록에는 한성을 지칭하는 단어로 대성(大城)·왕성(王城)·위례(慰
禮)가 보입니다. 대성과 왕성은 모두 한성 즉, 북성과 남성을 합하여
부른 것으로 보이며, 위례는 도성 그 자체를 지칭하는 말로 보입니다.[41]
몽촌토성에서는 한성 백제의 마지막 날을 보여주는 듯한 유물들이
많이 출토됩니다. 바로 성을 지키는 데 사용하거나 혹은 성을 빼앗은
고구려 군이 사용한 것으로 추정되는 다양한 무기와 방어구입니다. 몽촌
토성에서는 투겁창, 물미, 화살촉 등의 무기와 함께 말재갈·편자·족쇄
등 마구들이 출토되었습니다.

---

39) 『삼국사기』 백제본기 개로왕 29년.
40) 『日本書紀』 권14 雄略紀 20년.(국사편찬위원회 한국사데이터베이스)
41) 김기섭, 「백제전기 도성에 관한 일고찰」, ≪청계사학≫ 7, 1990 참조.

〈몽촌토성 출토 말재갈〉(문화재청)

　몽촌토성은 풍납토성과 비교하여 상대적으로 무기와 말갖춤이 많이 출토되는 이유는 무엇일까요? 아마도 평지가 아닌 구릉에 쌓은 몽촌토성이 방어에 유리하여 군사적인 용도가 중요시 되었기 때문이 아닐까요? 1985년 몽촌토성 발굴조사 때 서북지구에서 쇠화살촉 88점이 출토되었습니다. 쇠화살촉의 머리모양이나 화살몸통과의 연결방식에 따라 끌머리 모양, 버들잎 모양, 날개 모양, 긴삼각 모양, 원추 모양, 창 모양, 독사머리 모양 등 다양한 형태의 화살촉들입니다. 이렇게 다양한 쇠화살촉은 고구려 화살촉과 매우 유사하여 475년 고구려가 한성을 점령한 이후 고구려 군이 사용한 것으로 보아야 한다는 견해가 제시되었습니다. 이밖에도 긴 칼과 투겁창 그리고 창 자루 끝에 끼우는 물미 등이 발굴되었습니다.

　말에 사용되는 마구들은 85-2호 주거지에서 편자가 출토되었습니다. 이 편자는 반원형의 앞부분만 남은 파편으로 폭 8.8cm 크기의 소형입니다. 전면의 바깥쪽으로는 한 줄의 홈이 돌아가고 그 홈 중간 중간에 구멍이 나 있어 말발굽에 못으로 고정했을 것으로 추정됩니다. 말 족쇄는 처음에는 말에 물리는 재갈로 보고되었으나, 최근 몽골과의 학술교류가 활발해지면서 똑같은 유물이 고대 몽골에서 말을 움직이지 못하게 하는 족쇄로 사용되고 있음이 알려지게 되었습니다. 말 족쇄는 말의 앞다리에 양쪽의 결합식 원형 고리를 걸어서 사용한 것으로 보입니다.

몽촌토성에서 발굴된 전쟁 관련 유물 중 특히 주목할 만한 것은 뼈로 만든 비늘갑옷입니다. 몽촌토성 남쪽 성문 가까이에 위치한 저장구덩이에서 출토된 뼈 조각들은 쇠뼈를 길이 10cm, 폭 2~4cm 정도의 얇은 패로 만들어 구멍을 뚫었습니다. 이 구멍으로 끈을 연결하여 뼈 조각을 잇는 이음이 모두 4단으로 구성되었으며 아마도 갑옷의 허리 아랫부분을 감싸 보호하는 역할을 한 것으로 보입니다. 출토된 상태를 바탕으로 복원을 해 보았더니 모두 185개의 뼈 조각을 사용하여 무게 3.3kg의 완전한 모습을 만들 수 있었습니다. 그리고 뼈 갑옷 위의 가슴·배 부분은 쇠찰갑에 천을 두르고 옻칠을 하였으며, 모두 514개의 조각을 이어 무게 약 6.4kg의 갑옷을 만든 것으로 추정됩니다.

〈몽촌토성에서 출토된 뼈 갑옷 조각(왼쪽)과 이를 바탕으로 복원한 갑옷(오른쪽)〉(한성백제박물관, 김진호 촬영)

이밖에 몽촌토성 안에서는 온돌을 사용한 건물지를 포함한 여러 건물지에서 300여 점이 넘는 고구려 유물이 출토되었습니다. 이 유물 중에서는 높은 신분이 사용했을 것으로 보이는 네 귀 달린 항아리와 원통모양 세발토기 등이 있어서 고구려의 지배층이 한동안 몽촌토성에 머물렀을 것으로 보입니다.

■ 개로왕이 흙을 쪄서 성을 쌓았다고?(증토축성의 비밀)

한성백제의 마지막을 보여주는『삼국사기』개로왕의 기록에는 흥미 있는 이야기가 있습니다. 바로 고구려 첩자 도림 이야기입니다. 백제를 치기 위해 장수왕은 도림이라는 승려를 첩자로 보냅니다. 도림은 고구려에서 죄를 지어 도망 온 척 백제로 왔습니다. 개로왕이 장기와 바둑을 좋아한 것을 알고 바둑의 고수인 도림은 개로왕에게 접근합니다. 바둑으로 친해진 이후 도림은 왕에게 왕실의 권위를 높여야 한다며 궁궐과 성곽의 수리를 건의합니다. 개로왕은 백성들을 징발하여 거대한 토목공사를 합니다. 지배층이 자신의 탐욕을 채우기 위해 벌이는 무리한 토목공사는 국가 재정을 마르게 하고 백성들을 고통에 빠뜨립니다. 역사에서 지치지도 않고 반복되는 어리석고 탐욕스런 지배층의 실정입니다.

2007년 대선 후보 시절 한반도 대운하를 공약으로 내걸었던 이명박 전 대통령은 대통령이 되자 강을 살린다며 대규모 토목사업인 4대강 사업을 벌입니다. 22조가 넘는 어마어마한 돈을 강 바닥에 퍼붓고 남은 것은 해마다 녹조로 썩어가는 강물뿐입니다. 2013년 르몽드 지는 "부패, 건설 결함, 환경 문제로 한국의 4대강 사업이 생태적으로나 경제적으로 큰 실패로 기록되게 되었다."라고 보도합니다. 개로왕의 참혹한 최후를 후대의 정치인들은 전혀 자신의 운명으로 생각하지 않는 것 같아요. 하여간 무리한 토목 공사로 쇠약해진 백제는 고구려 3만 군대의 공격에 한성을 내주고 웅진으로 쫓겨 갑니다.

역사의 교훈은 뒤로 하고 우리가 흥미를 갖는 부분은 구체적으로 어떤 공사가 이루어 졌는가 하는 부분입니다.『삼국사기』의 기록을 자세히 보겠습니다.

도림이 말했다. "왕께서는 마땅히 숭고한 기세와 부유한 치적으로 남들을 놀라게 해야 할 것인데, 성곽은 수축되지 않았고 궁실은 수리되지 않았습니다. 또한 선왕의 해골은 들판에 가매장되어 있으며, 백성의 가옥은 자주 강물에 허물어지니, 이는 대왕이 취할 바가 아니라고 저는 생각합니다." 왕이 말했다. "좋다! 내가 그리 하겠다." 이에 왕은 백성들을 모조리 징발하여, 흙을 쪄서 성을 쌓고, 그 안에는 궁실, 누각, 사대를 지으니 웅장하고 화려하지 않은 것이 없었다. 또한 욱리하(郁里河)에서 큰 돌을 캐다가 관을 만들어 아버지의 해골을 장사하고, 사성(蛇城) 동쪽으로부터 숭산(崇山) 북쪽까지 강을 따라 둑을 쌓았다.

이로 말미암아 창고가 텅 비고 백성들이 곤궁하여져서 나라는 누란의 위기를 맞게 되었다.[42]

"흙을 쪄서 성을 쌓았다.[烝土築城증토축성]"는 기록으로 보아 백제의 도성이 토성인 것은 확실합니다. 문제는 흙을 쪄서 쌓은 기법이 어떤 것인지 밝혀지지 않았다는 것인데요. 이와 관련해서 참고할 만한 기록이 중국 역사책에 있습니다. ≪진서(晉書)≫ 권130 혁련발발전(赫連勃勃傳)에 "성을 쌓을 때 흙을 쪄서 쌓게 하였다. 송곳으로 찔러 1촌이라도 들어가면 만든 자를 죽여 성벽과 함께 쌓았다"라는 '증토축성'의 기록이 있습니다.[43]

혁련발발(赫連勃勃, 381년~425년)은 중국 5호 16국시대 하(夏)의 창건자입니다. 그가 수도로 정하고 증토축성의 방법으로 쌓은 성이 사막과 초원지대로 알려진 중국 네이멍구 자치구와 인접한 지금의 산시성 북부의 통만성(統萬城)입니다. 심광주 토지주택박물관장은 이 기록과 통만성에 대한 발굴조사에서 생석회를 섞어 사용한 성곽임이 확인된 점 등을 바탕으로 개로왕이 쌓은 '증토축성'이란 석회를 사용해 쌓은 견고한 성

---

42) 『삼국사기』 백제본기 개로왕 29년.
43) "阿利性尤工巧 然殘忍刻暴 乃烝土築城 錐入一寸 卽殺作者 而并築之"

곽이라고 주장합니다. '증토축성'에서 증토(烝土)란 석회에 물을 부어 소석회(消石灰)를 만드는 과정에서 생기는 열과 수증기를 묘사한 말이 며, 백제 성곽 중 이런 석회를 섞어 쌓은 성곽이 몽촌토성이라는 것입니 다.44)

〈중국 산시성 유린시 통만성〉(김진호) 황량한 평원과 사막 지대 한 가운데 세워진 거대한 흰색 성벽과 구조물이 눈에 들어옵니다.

그는 한반도를 포함한 고대 동아시아 세계에서 석회는 처음에는 조개 껍데기를 잘게 부숴 만들어 사용하다가 중국에서 5호 16국 시대에 흉노 족인 혁련발발이 대하(大夏, 407~431) 왕조를 세우고 그 도읍에 건설한 통만성을 쌓을 때 바로 자연산 석회를 이용하기 시작했다고 말합니다.
석회가 시멘트 등 건축의 재료로 인류사에 등장한 것은 반만 년 이전 으로 거슬러 올라갑니다. 인류가 석회를 결합제로 사용하여 만든 구조물

---

44) 심광주, 「한성백제의 증토축성에 대한 연구」, 『향토서울』 76호, 2011.

중에서 가장 오래된 것은 이집트의 피라미드입니다. 이 때 쓰인 결합제는 석회석을 구워서 만든 생석회와 석고를 구워서 만든 소석고로서 기경성 시멘트였습니다.

〈통만성 성벽 외부〉(김진호) 허물어져 군데 군데 보수작업을 하고 있지만, 현재의 모습만으로도 과거의 웅장한 모습을 엿볼 수 있습니다.

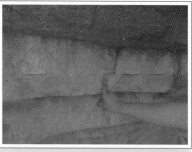

〈성벽 세부 모습〉(김진호) 성벽을 일정한 두께로 석회와 백토, 모래를 섞어 쌓았습니다. 송곳으로 찔러 손가락 한 마디(일촌) 깊이만큼 들어가면 쌓은 자를 죽여 성벽과 함께 묻었다고 합니다.

우리나라에서 석회는 『삼국사기』에 기록이 있는 '증토축성'과 고구려 고분의 내벽에 두껍게 회를 바르고 벽화를 그린 예가 있어서 삼국시대 이전부터 사용되었을 것으로 추정하고 있습니다. 또한 발해의 도성인 동경의 옛 집터와 백제에 의해 전래되어 축조된 일본 나라현 동대사 삼월당의 기단부도 석회를 사용한 것입니다.

석회의 용도는 주로 토목 건축 재료로서 사용되었습니다. 성벽의 축조, 건축물의 기초다짐 그리고 묘지 축조와 시체의 안장에 주로 사용되었습니다. 특히 건축물에 있어 구조재, 결합재, 방수재, 마감재 등의 용도로 매우 중요하게 사용된 재료가 석회(강회)입니다.

강회(생석회)는 자연산 석회석($CaCO_3$)을 900~1300℃의 고온으로 가소하여 만든 탄산가스와 물이 발산된 산화칼슘(CaO)을 주성분으로 하는 부정형의 광물질을 말합니다. 쉽게 말하면 원래 석회석엔 탄산가스와 물이 함유되어 있는데 그것을 불가마에 구우면 고열로 인해 물이 빠져

나간 단단한 고체 덩어리인 강회가 됩니다. 강회를 건축 재료로 사용하기 위해서는 소석회로 만들어야 합니다. 강회에 물을 부으면 원래의 모습으로 돌아가기 위해 엄청난 열을 발산하면서 잃어버린 물을 다시 흡수하게 됩니다. 물을 흡수한 강회를 소석회(수산화칼슘Ca(OH)$_2$)라 합니다. 소석회는 건축용·공업용으로 사용되는데, 건축용으로는 모르타르·회반죽벽·포틀랜드시멘트 등에 사용됩니다.

고대의 성벽건축에 사용된 것은 물을 빼버린 강회(산화칼슘)입니다. 이것을 흙 또는 모래와 섞어 쓰려면 물을 부어 소석회로 환원해 주어야 합니다. 단단한 덩어리인 강회에 물을 부으면 짧은 시간에 높은 열을 뿜어내면서 가루상태의 소석회로 소성됩니다. 이때 수증기와 열이 뿜어져 나오는 모습이 마치 흙을 찌는 것처럼 보였을 것입니다. 이 소석회에 백토와 고운 모래의 세 가지를 같은 비율로 혼합하여 건축 재료로 사용합니다. 세 가지 재료를 혼합한 것을 건물의 기초를 다지는 데 사용하거나, 성벽을 쌓는 데 사용하거나, 능묘의 회광으로 사용하였습니다. 이것은 굳으면 트지 않을 뿐 아니라 그 강도가 마치 돌과 같아서 정(釘)으로 쪼아도 잘 깨지지 않을 정도였습니다.

'증토축성'한 통만성은 천오백여 년이 지난 지금 비록 폐허가 되었지만 아직 그 웅장한 모습을 보여주고 있습니다. 백제 개로왕이 증토축성했다는 성곽도 석회를 개어서 지금의 시멘트벽과 같이 견고하게 쌓은 성곽이라면 견고하고 웅장한 모습이 남아 있어야 할 텐데 남아있는 성곽의 흔적을 찾기 어렵습니다. 석회가 물에 녹는 성질을 지녔다는 것을 감안한다면 아마도 비가 자주 오지 않는 건조한 사막에 있는 통만성이 오래도록 남아있을 수밖에 없으며 여름에 집중적으로 비가 내리는 한반도의 기후로 인해 그 흔적을 찾기 어려울 수도 있습니다. 몽촌토성 성벽에 대한 본격적인 조사가 이루어지면 개로왕이 쌓았다는 '증토축성'의 비밀이 풀릴 것으로 기대합니다.

5. 유물로 보는 백제의 강남 스타일

2012년 여름 가수 싸이의 '강남스타일'이라는 노래가 전 세계에서 폭발적인 인기를 얻었습니다. 특히 7월 15일 공개된 이 노래의 뮤직비디오는 흥겨운 음악에 어울리는 독특한 말춤, 그리고 재미있는 노랫말로 2개월 만에 유튜브 조회 수 2억 7천만 건을 넘겼고 2014년에는 유튜브 사상 최초로 조회 수 20억 건을 초과하는 대기록을 세웠습니다.

강남스타일의 세계적인 인기는 우리 대중음악이(다른 문화도 마찬가지지만) 이전에 가져보지 못한 것이라 우리사회 전체가 들썩들썩했습니다. 그리고 성공 요인에 대해 음악적인 부분에서부터 사회적인 부분까지 진지한 분석이 이뤄지기도 했습니다. 제가 본 것 중에서 가장 흥미로운 것은 일간신문에 실린 <타임TIME>지의 분석입니다.

<타임>은 강남스타일에 대해 "음악이 귀에 착착 달라붙고(Catchy), 뮤직비디오는 터무니없이 웃기다(Ridiculous)"면서 "이 때문에 듣는 이들은 강남스타일에 실없는 사회적 풍자가 섞여 있다는 사실을 알지 못했을 것"이라고 설명했다. 그리고 강남에 대해 타임은 "서울에서 가장 부유하고 화려한 지역으로 실리콘 밸리, 월 스트리트, 베벌리 힐즈, 맨하탄의 어퍼 이스트 사이드, 마이애미 비치를 모두 한 곳에 뭉뚱그린 것과 같다"고 설명했다.…(중략)… 타임은 "비디오에서 코믹하게 묘사된 싸이의 '강남 스타일처럼 살고 싶어하는 어설픈 모습'은 한국 사회의 과잉된 소비 열망을 나타낸다."고 언급했다.[45]

아래의 조형물은 말 춤의 손을 표현한 것인데 맥락 없이 보면 팔목이 묶여있는 모습처럼 보여 소비문화에 묶인 우리 모습을 보여주는 것 같기도 합니다. 풍자와 흥겨운 놀이의 대상으로 기획된 노래와 춤이 단지

---

45) 아시아경제, 「타임지가 분석한 '강남스타일'」, 2012.9.30.

〈강남스타일 조형물〉(김진호) 2016년 4월 15일 강남 코엑스 앞에 세워졌습니다.

세계적으로 유행했다는 이유로 대중가수 싸이를 국가를 빛낸 영웅으로
뒤집혀 기념하는 모습은 오늘날 강남이 가진 천박함의 또 다른 얼굴처럼
보입니다. 오늘날 우리가 한국에서 가장 부유하고 화려한 지역인 강남에
서 살고 싶다는 욕망과 1,500여 년 전 백제사람들이 한성에서 살고 싶어
했던 욕망은 비슷했을 수도 있습니다. 다만 과잉된 소비 사회 속의 화려
한 겉모습뿐인 공허한 강남과 고대 국가 백제가 지닌 문화적 총체로서의
한성의 문화는 질적 차이가 분명합니다. 풍납토성과 몽촌토성에서 발굴
된 백제의 유물을 통해서 1,500여 년 전 백제인의 '강남스타일'을 알아
볼까요?

■ 최고 수준의 토기가 사용된 한성백제

토기란 '점토를 물에 반죽하여 일정한 모양으로 만든 다음, 불에 구워
낸 그릇'을 말합니다. 흙을 물에 넣으면 모양을 만들 수 있게 되고, 다시
이를 불에 구우면 흙 속의 유리질 성분이 녹아 단단하게 굳습니다. 그래

서 토기를 '흙과 물과 불의 예술'이라고 표현하기도 합니다.[46]

인류가 흙을 재료로 만든 도구 중에서 가장 오래된 것이 토기일 것입니다. 신석기 시대부터 만들어지니까요. 신석기 시대 사람들은 흙에 물을 붓고 잘 빚어 그릇을 만들고 이를 불에 구우면 단단해진다는 원리를 발견했습니다. 기존에 있었던 재료를 바탕으로 여러 가지 자극을 집어넣으면 새로운 성질을 가진 물건을 만들 수 있다는 것을 알아낸 것입니다. 이때부터 토기제작 기술은 더욱 발달하여 청동기, 철기 시대에는 더 높은 온도에서 구워서 보다 단단하고 가벼운 그릇을 만들 수 있게 됩니다. 그리고 삼국시대에 들어서면 각 나라 별로 특색 있는 토기가 제작됩니다.

그 중 백제의 토기는 세 발 달린 토기가 있으며, 특이한 형태의 그릇받침을 특징으로 합니다. 백제의 토기는 토기의 원료 흙(태토라고 합니다.)과 굽는 온도로 인해 달라지는 색깔 등을 기준으로 대략 3종류로 분류합니다. 먼저 태토가 거친 적갈색 연질토기, 회색 연질토기, 회청색 경질토기가 그것입니다. 또한 그릇의 표면이 검은 색 광택이 나는 검은간토기(흑색마연토기)가 있습니다.

이중에서 검은간토기는 백제 토기 발전 과정에서 중요한 의미를 갖고 있습니다. 이 토기는 정선된 고운 흙을 이용하여 그릇을 빚은 후 표면을 정성껏 갈아서 광택을 낸 후 낮은 온도에서 서서히 굽다가 마지막 단계에서 그을음을 일으키는 연료를 넣고 가마를 밀폐시켜 탄소성분이 그릇에 단단히 달라붙어 검게 만든 것입니다. 이렇게 정성을 다해 만든 검은간토기는 당연히 일부 선택된 계층만 사용할 수 있었습니다. 아마도 칠기(漆器)의 대용품으로 혹은 한성 백제 시대 중앙의 권력을 과시하는 위세품으로 사용되었을 것입니다.

---

46) 최영도, 『토기사랑 한평생』, 학고재, 2005.

〈검은 간 항아리〉(국립중앙박물관) 흑연 등 탄소 성분을 달라붙게 하고 뚜껑과 몸체를 대칼 같은 것으로 갈아 검은 광택이 납니다. 이 항아리는 성남시에서 출토된 것으로 중앙에서 성남 지역의 권력자에게 위세품으로 선물했을 것으로 추정됩니다.

풍납토성과 몽촌토성 등에서 출토된 토기는 그 수도 많지만 종류도 매우 다양합니다. 사용된 토기의 종류는 지방으로 내려갈수록 줄어드는 경향을 보입니다. 다양한 종류의 토기는 토기를 사용하는 사람들의 삶의 방식이 다양함을 보여주는 증거입니다. 지금도 그렇지만 대도시에는 다양한 직업과 생활 방식을 가진 사람들이 집중적으로 모여 살고 있습니다. 하지만 지방의 농촌이나 어촌에서는 직업의 종류도 단순하고 생활 방식 역시 단순한 편입니다. 이렇게 도시와 농촌의 생활 격차는 고대에도 존재했습니다. 특히 풍납토성에서 출토되는 토기들은 그 모양과 단단함에서 지방의 토기에 비해 우수합니다. 게다가 중국 남조에서 수입한 시유도기와 동전문양 도기, 흑자와 청자 등까지 출토됩니다. 수입 도기들은 화려한 왕족과 귀족들의 생활을 엿볼 수 있는 유물들입니다.

■ 기와와 벽돌로 보는 백제의 건축

기와는 건물의 지붕을 덮는 건축 자재입니다. 기와는 기능에 따라 암키와, 수키와, 그리고 수막새와 암막새 등으로 구성됩니다. 암키와는 지붕의 바닥면에 깔리는 기와입니다. 완만한 곡률로 이루어진 사방 한 자 정도 크기가 보통 암키와의 모습입니다. 수키와는 암키와 위에 올라가는 기와로 길이는 암키와와 같지만 폭은 반 정도 밖에 안되며 곡률도 커서 대략 반원 형 단면을 갖습니다.

일반적으로 지붕을 이을 때 먼저 진흙을 이겨 얇게 편 다음 위아래로 암키와를 걸치고 암키와의 좌우 이음매에 수키와를 덮습니다. 이렇게 암키와와 수키와를 연결하여 지붕의 꼭대기부터 쭉 덮다보면 기왓등의 끝 부분을 막음새 처리해야 합니다. 이때 사용하는 것이 수막새입니다. 수막새는 명칭으로 알 수 있듯이 수키와의 끝에 붙입니다. 암막새는 당연히 암키와의 끝 부분에 붙겠습니다. 암막새와 수막새를 통칭하여 와당(瓦當)이라고 부릅니다.

〈백제 연꽃무늬 수막새〉(국립중앙박물관) 백제 건축의 화려함을 잘 보여주는 수막새입니다.

이 와당에는 여러 가지 무늬를 찍어 지붕을 화려하게 꾸미는 것이 일반적입니다. 삼국은 각자의 미감에 따라 와당에 서로 다른 무늬를 찍었습니다. 각각의 문양은 아름답기도 하지만 일정한 의미를 담고 있습니다. 예를 들면 풍납토성에서 출토된 도깨비얼굴무늬 수막새는 사악한 것들이 건물 안으로 들어오지 못하게 막고자 하는 기원이 담겨있습니다. 동전무늬는 부귀를 의미합니다.

백제는 한성기의 와당 무늬와 웅진기, 그리고 사비기의 무늬가 서로 달라 시기 별 와당의 변화를 잘 보여줍니다. 불교가 융성한 웅진기의 수막새는 연꽃무늬가 대부분입니다. 사비기에도 연화무늬가 많지만 파문(巴文)이나 무늬가 없는 경우도 있습니다.

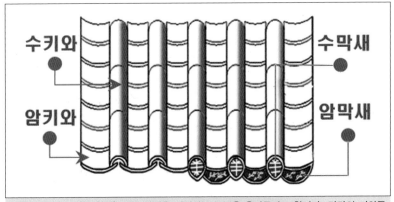

〈전통적인 기와 지붕 형태〉지붕 양편을 연결하는 부분을 용마루라고 합니다. 각각의 기와들이 정확히 연결되어야 비가 새지 않고, 지붕이 무너지지 않겠지요?

『일본서기』에는 "백제에서 노반박사(露盤博士), 기와박사[瓦博士], 화가[畫工]가 일본으로 건너와 일본 최초의 절인 아스카 사 창건을 지도하였다."라는 기록이 있는데, 기와박사라는 전문 기술자를 따로 언급할 정도로 기와를 굽는 기술이 중요하게 다루어졌음을 알 수 있습니다. 또한 일본에 기술자를 보낼 정도로 백제의 건축 기술이 뛰어났음을 알 수도 있습니다.

풍납토성에서는 벽돌도 많이 출토됩니다. 벽돌은 점토와 모래를 주원료로 하여 고온으로 구운 건축 재료를 말합니다. 일반적으로 직육면체 형태로 만들어 건물의 벽을 쌓거나, 바닥에 깔기도 합니다. 풍납토성에서 발견되는 벽돌은 바닥에 깔아 사용한 것으로 보입니다. 벽돌은 고대에는 왕이 사는 궁전이나 부처님을 모신 큰 절 등 중요한 건물에서만 사용되었습니다. 벽돌이 많이 출토되는 것은 그 지역에 매우 중요한 건물들이 많았다는 것을 입증해 줍니다. 그래서 풍납토성이 한성백제의 도성으로서 위상을 갖는다고 말하는 것입니다.

〈몽촌토성과 풍납토성에서 출토된 성벽〉
(몽촌역사관, 김진호 촬영)

〈부여 출토 백제산경문전〉(국립중앙박물관) 이렇게 문양을 넣어 장식성을 강화한 벽돌도 만들어집니다.

한성백제 시기 건축물의 웅장함을 엿볼 수 있는 유구가 풍납토성 경당역사공원의 44호 건물지입니다. 평면모양이 여(呂)자 형으로 전실(前室)과 본실로 공간이 나누어져 있습니다. 본실의 크기만 너비 16m, 길이 18m에 이르는 큰 건물입니다. 본실의 외곽으로 'ㅁ'자 형의 도랑을 둘러 이 건물의 용도가 단순한 거주용이 아님을 짐작하게 합니다. 또한 건물 안쪽은 판자를 대고 판자 바깥으로 진흙을 두껍게 발라 미장을 했습니다. 바닥은 점토를 깔아 정리하였습니다. 이렇게 치밀한 설계와 세심한 노력을 기울여 만든 이 건물은 나라에서 주관하는 큰 규모의 제사가 치러지던 공간으로 추정됩니다. 흥미로운 것은 이 큰 건물에서 유물이 하나도 출토되지 않았다는 점입니다. 아마 제사를 지내고 필요한 물품들은 따로 챙겨 창고에 보관하고 이곳은 말 그대로 먼지 하나 없이 깨끗하게 청소한 때문으로 생각하고 있습니다.

한성 백제기의 제사는 고구려와 백제 등 부여계 국가에서 시조로 떠받드는 동명묘 제사와 천지 및 산천에 대한 제사 등이 있었습니다. 이 건물터는 온조왕 원년에 설치되어 한성이 함락될 때까지 왕실에서 제사를 지낸 동명묘로 추정됩니다.

〈경당지구 44호 건물지〉(김진호) 왕실의 중요한 제사가 거행된 장소로 추정됩니다.

■ 옷과 꾸미개로 본 세련된 백제의 패션

현재 송파구 일대에서는 한성백제 시기의 의복생활을 보여 줄 만한 유물이 출토되지는 않았습니다. 식물 섬유로 만든 옷은 일찍 썩어 없어지기 때문입니다. 다만 여러 기록들과 남아있는 그림을 통해 백제사람들의 옷맵시를 유추해 볼 수 있습니다. 먼저 중국의 기록에는 "백제의 의복은 고구려와 비슷하다."고 되어 있습니다. 고구려 의복은 고구려 고분의 벽화에서 많이 찾아 볼 수 있습니다. 이를 통해 알아보면 남자는 저고리와 바지를, 여자는 저고리와 치마, 두루마기를 입었음을 알 수 있습니다. 저고리의 경우 지금처럼 허리 위로 올라가는 짧은 것이 아니라 엉덩이를 덮을 정도의 긴 저고리이고 허리띠를 둘렀습니다. 백제는 엄격한 신분제 사회입니다. 겉모습으로 신분이 명확히 구분될 수 있도록

의복의 색깔과 재질을 다르게 했습니다. 왕은 머리에 금꽃으로 장식한
검은색 비단 관을 썼고, 검은 가죽신을 신었습니다. 그리고 자줏빛의
소매가 넓은 웃옷에 통 넓은 청색 비단 바지를 입었습니다. 귀족들은
등급에 따라 자주색, 다홍색, 푸른색 옷을 입었습니다. 그리고 6품 이상
의 고위관리는 관모를 은으로 장식하였습니다.

〈고구려 벽화와 기록을 토대로 재구성한 한성백제 사람들의 옷차림〉(한성백제박물관,
김진호 촬영)

　백제인들의 장신구는 관, 귀걸이, 목걸이, 허리띠 장식, 신발 등이 있
습니다. 초기에는 단순한 형태와 무늬를 보이지만 시간이 지나면서 점차
세련되고 화려한 형태로 변화가 나타납니다. 먼저 머리에 쓴 관은 전근
대시기 남성의 지위를 보여 주는 중요한 표식의 역할도 합니다. 따라서
관을 쓰지 않고 집 밖으로 나가는 것은 상상하지 못할 일이었습니다.

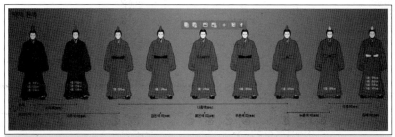

〈백제의 관복〉 관등에 따라 색깔을 다르게 하였습니다. (한성백제박물관, 김진호 촬영)

한성기의 관은 앞뒤로 새 날개 모양의 장식이 붙고 중앙이나 뒤에 얇은 대롱이 붙는 것이 특징이었습니다. 웅진기와 사비기에는 섬유로 짠 모자에 금이나 은 장신구를 꽂았습니다.

백제 귀걸이는 크게 드리개가 있는 것과 없는 것으로 나뉩니다. 드리개가 있는 경우도 샛장식과 끝장식을 모두 갖춘 것과 끝장식만 있는 것으로 나뉩니다. 끝장식은 하트모양, 열쇠모양, 원모양 등이 있습니다. 끝장식과 샛장식 사이를 구슬로 장식하는 경우도 많은데 일본과 가야의 귀걸이도 이런 것이 많아 백제의 영향을 받았다고 추정하고 있습니다.

허리띠 장식은 중국의 영향을 받아 만들기 시작했습니다. 가죽이나 천으로 된 허리띠에 금은 등 금속 장식을 붙여 사용했습니다.

다양한 색깔의 구슬과 옥을 이용한 목걸이도 빼놓을 수 없습니다. 『삼국지위서』동이전의 '한(韓)'에 대한 기록에는 "구슬을 귀하게 여겨 옷에 꿰매 장식하기도 하고 목에 걸거나 귀에 달기도 하지만, 금·은·비단은 보배로 여기지 않는다."는 기록이 있습니다. 이러한 마한의 전통을 이어 백제 무덤에서는 유리·마노·수정 등 각종 구슬이 껴묻거리로 많이 출토됩니다.

한편 풍납토성 경당 지구에서는 유리구슬을 만드는 데 사용된 구슬

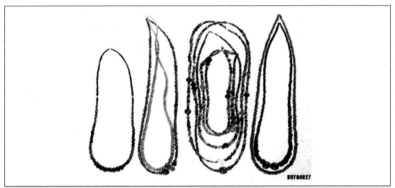

〈백제의 마지막 도읍인 부여 능산리 고분군에서 출토된 유리구슬로 만든 목걸이〉(국립부여박물관) 다양한 색깔의 아름다운 유리구슬을 꿰어 목걸이를 만들었습니다. '구슬이 서말이어도 꿰야 보배'라는 속담이 딱 맞아 떨어지네요.

거푸집이 출토되었습니다. 흙을 구워 만든 거푸집에는 유리 덩어리를 녹여 넣는 둥근 홈이 열을 지어 파여 있습니다. 둥근 홈에는 작은 바늘구멍이 보입니다. 이 구멍에 철심을 꽂은 다음 유리 용액을 부으면 철심이 있는 부분은 유리 용액이 닿지 않아 구멍이 생깁니다. 이렇게 만든 다양한 색깔의 구슬들도 함께 출토되었습니다. 둥근 유리막대도 출토되었는데요. 이건 거푸집에 넣는 것이 아니라 쇠꼬챙이에 유리 용액을 둘둘 말아 일정한 크기로 잘라 식혀서 만들었습니다.

우리는 우리가 사용하는 다양한 물건들이 누가 만들고 어떤 과정을 통해 만들어지는 지 관심을 갖지 않습니다. 자본주의 사회의 철저한 분업은 복잡한 물건들을 쉽게, 그리고 대량으로 만드는 것을 가능하게 하였습니다. 그래서 이전에는 귀했을 물건을 너무 쉽게 그리고 싸게 구할 수 있게 되었죠. 그리고 귀한 물건일지라도 돈만 많이 지불하면 살 수 있습니다. 이런 사회에서 물건은 다만 우리가 편하게 이용하기 위한 도구적 존재일 뿐이며 이용 가치가 없어지거나 작아지면 언제든 다른 물건으로 대체하고 버립니다. 대량 생산과 대량 소비 사회의 그림자에는 그만큼 버려지는 쓰레기(사실 우리가 충분히 사용할 수 있는 물건들임에도 불구하고), 그리고 노동에 대한 철저한 무관심이 있습니다. 그리고 노동에 대한 무관심은 사람에 대한 무관심이기도 합니다. 사람마저도 이용 가치에 따라 쓰고 버리는 '도구적 존재'로 여기는 풍조는 과정을 생략하고 결과만 쓰는 소비 사회의 비참한 인간관입니다.

고고학 연구가 물질문화의 복원에 관심을 갖는 것은 우리가 쓰는 물건들이 어느 누군가가 땀과 정성을 쏟아 만든 것이라는 사실을 깨우치기 위함이기도 합니다. 우리는 찬란한 금관을 쓴 사람, 색색의 구슬과 옥으로 만든 목걸이와 금 귀걸이를 걸친 사람만을 바라보지만, 고고학에서 인간은 그러한 문화유산을 만들기 위해 다양한 기술을 사용한 기술자, 뜨거운 불길 아래서도 망치질과 가위질을 쉬지 않고, 땀 흘리며 노력한 일꾼이라는 것을 잊지 않습니다. 백제의 찬란한 문화유산을 보면서 "우와! 대단하다."라며 느낌표를 날리는 것도 좋습니다. 하지만 이러한 문화유산을 만든 백제 사람을 생각하게 하는 일이야 말로 강남스타일로 대표되는 소비 사회의 비루한 인간관을 비판하고 사람을 '도구적 존재'가 아닌 '관계적 존재'로 인식하게 합니다.

■ 집자리로 보는 백제인의 주거 생활과 식생활

풍납토성과 몽촌토성에서는 백제 사람들의 집자리 유적이 많이 발굴되었습니다. 이 시기 집들은 땅을 파고 지하(반 지하 정도가 적당한 표현이겠네요.)에 살림을 꾸리는 움집이 많았습니다. 움집이라고 하면 신석기 시대의 집으로 생각하는 사람들이 많은데요. 신석기 시대의 움집과 삼국 시대의 움집은 많은 차이가 있습니다. 신석기 시대의 움집은 움을 깊이 파고 기둥을 세운 뒤 원추형의 지붕을 얹었습니다.

삼국시대의 움집은 움을 판 뒤 기둥을 세우고 기둥을 따라 높은 벽을 만들었습니다. 벽을 만들면 집 안을 넓게 만들 수 있습니다. 그리고 창을 내어 집 안을 환하게 할 수도 있습니다. 그리고 백제의 움집은 현관 역할을 하는 작은 방을 거쳐 생활이 주로 이루어지는 큰 방으로 연결되는 구조가 많습니다. 또 어떤 움집터에서는 기와가 발견되어 바닥을 판 움집의 지붕을 기와로 이은 집도 있었을 것으로 보입니다.

백제의 주거지 중 대표적인 것이 육각형 주거지입니다. 위에서 내려다 본 집의 형태가 육각형 모양이라 붙인 이름입니다. 사람들이 드나드는 출입구는 남쪽에 있고 집 안 북쪽에는 취사와 난방을 겸하는 화덕시설(아궁이와 부뚜막)이 있습니다.

몽촌토성에는 백제 집자리 전시관이 있습니다. 몽촌토성에서는 지상 건물터 4개, 구덩식 집자리(움집터) 12개, 저장구덩이 30여 개 등이 확인되었습니다. 집자리와 저장 구덩이는 대개 해발 25m 이상의 높은 곳에 있습니다. 집자리와 저장 구덩이에서는 다양한 유물들이 출토되었습니다. 이 전시관은 4개의 집자리를 보존·전시하고 있습니다. 그중 3개의 집자리가 육각형 주거지입니다.

지금까지 발견된 움집터 중 가장 큰 것은 풍납토성 미래마을 부지에서 발견된 것입니다. 이집은 길이 21m, 너비 16.4m로 넓이가 344.4m²나

〈백제 집자리 전시관〉(몽촌토성) 백제의 집자리 유적 4개와 저장구덩이 등이 그대로 전시되어 있으며, 한성 백제기의 생활을 알 수 있는 다양한 전시물도 있습니다.

〈백제 육각형 주거지(88-2호)〉(몽촌토성) 토성 동문지 남쪽 성벽 정상부에서 발견된 움집입니다. 바닥에서 긴 칼, 철제 봉 등의 무기가 출토되어 군사적인 용도가 아니었을까 추정하기도 합니다.

〈육각형주거지 생활 모습 재현 디오라마〉(백제집자리전시관)

됩니다. 보통 학교 교실 5~6개 정도를 합친 정도의 넓이니까 집터로는 정말 큽니다. 이 밖에도 풍납토성의 집터 중에서는 돗자리를 깔은 곳도 있고, 벽 쪽에 깊은 구덩이를 파서 저장창고로 사용한 곳도 있고, 심지어 흙을 구워 만든 하수관이 발견된 곳도 있어서 성 안의 주거 환경이 매우 쾌적하지 않았을까 생각하고 있습니다.

백제 사람들은 채식을 기본으로 했습니다. 곡식으로는 쌀, 콩, 보리, 기장, 조, 피, 밀, 팥 등 다양한 종류의 곡식을 먹었습니다. 물론 가장 맛도 좋고 영양도 우수한 것은 쌀이었습니다. 그래서 세금의 기준을 쌀로 정할 정도였습니다. 하지만 쌀을 주식으로 하는 사람들은 귀족들이었고, 대부분의 평민들은 여러 잡곡을 먹었습니다. 그럼 이런 곡식으로 지금처럼 밥을 지어 먹었을까요? 그건 아니고 평민들은 산과 들에서 캐온 나물과 함께 넣고 끓여 죽을 쑤어 먹었을 것입니다. 일본 고대 기록에는 아욱죽을 먹었다는 기록이 있습니다. 아마 백제도 아욱을 넣어 끓인 죽을 많이 먹었을 것입니다. 이외에도 봄에는 쑥·냉이를 넣은 죽을

〈풍납토성 경당부지 유적에서 출토된 시루〉(국립중앙박물관) 바닥에 구멍이 뚫려 있어 천을 깔고 곡식을 올린 뒤 쪄서 먹는 방법에 사용되는 그릇입니다. 요즘도 떡을 찔 때 이런 시루를 사용하지요.

많이 먹었습니다. 이런 나물들은 토기에서 죽을 끓였을 때 나는 흙 냄새를 없애주는 역할도 했을 것입니다. 풍납토성과 몽촌토성 등 중앙의 지배층들이 사는 곳에서는 쪄 먹는 도구인 시루가 많이 발견되어 귀족들은 시루에 쪄서 떡처럼 먹었을 것으로 추정합니다.

집자리의 부뚜막은 음식을 조리하는 시설로 돌을 쌓고 진흙을 이겨 붙여 만들었습니다. 앞부분은 불을 지피는 아궁이가 있고, 윗부분은 물을 끓이고 음식을 조리하는 솥이나 시루, 계란모양 토기[장란형 토기]를 올렸습니다.

그럼 우리가 먹는 밥은 언제부터 먹었을까요? 그것은 토기가 아닌 쇠솥을 사용하면서부터 가능해졌을 것입니다. 쇠솥을 만들려면 철을 다루는 기술의 발달이 필수적입니다. 백제는 3~4세기경부터 중국으로부터 강철 만드는 기술을 익혔다고 합니다. 그러니 4세기경부터는 쇠솥에 밥을 해먹었을 수 있겠죠. 이를 밝혀주는 쇠솥 파편이 몽촌토성의 5세기 초엽의 움집터에서 발견되었습니다.

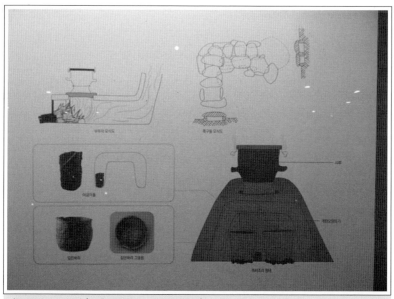

〈부뚜막 모식도〉(몽촌역사관, 김진호 촬영)

그럼 밥을 지었으니 반찬을 만들어야 하겠지요? 반찬그릇으로 사용된 것으로 보이는 세발토기 등이 4세기 후반에는 많이 쓰입니다. 반찬은 채소와 나물류가 보통이었습니다. 아마 고사리·근대·미나리·무·토란·깨· 가지·쑥·갓·달래·냉이 등 요즘 우리가 먹는 나물과 채소와 별반 다르지 않았을 것입니다. 그리고 반찬에 간을 하는 조미료의 기본은 소금이었습 니다. 그밖에 조미료로는 식초·꿀·엿·간장·된장 등을 사용했습니다. 이는 신라의 신문왕이 왕비를 맞이하기 전에 처가에 예물로 쌀·술·기름·꿀·간 장·된장·포·젓갈 135수레를 보냈다는 기록이 있어서 백제도 이와 비슷했 음을 유추해 볼 수 있습니다.

우리 음식은 찌거나 끓여 먹는 것들이 많아 아주 뜨겁고 국물이 많습 니다. 그래서 일찍부터 숟가락과 젓가락을 사용했습니다. 왕과 귀족들은 철제 심지어 금은 숟가락과 젓가락을 사용했지만 일반 평민들은 나무로 만든 것을 사용했습니다.

해상 강국 백제의 대외 교류

■ **해상강국 백제의 항해술과 선박**

백제를 이야기 할 때 가장 잘 쓰는 표현 중 하나가 '해상강국'입니다. 중심지인 한강은 물론 임진강, 금강 등 넓고 긴 강을 끼고 발달한 백제의 지리적 이점 중 하나가 바로 해상교통을 통해 중국은 물론 일본 열도를 비롯하여 아시아의 여러 나라와 활발한 교류를 할 수 있다는 점입니다. 또한 서해와 남해로 이어지는 긴 해안선에는 항구로 쓸 만한 지역도 많아요. 한성백제 시기에는 먼 바다로 나가는 항해술이 아직 발달하지 못했습니다. 그래서 바닷길을 통해 외국으로 갈 때에는 육지가 보이는 거리를 벗어나지 않으면서 중간 중간 눈에 띄는 지점을 확인하면서 목적지로 가는 항로를 택합니다. 이를 연안 항로라고 합니다. 백제의 연안 항로를 복원하면 다음과 같은 경로를 통했을 것으로 생각합니다.

중국으로 가는 연안 항로
한성(한강포구) - 강화도 - 해주만 - 강령만 - 대동강 하구 - 압록강 하구 - 요동반도 여순 - 산동반도 봉래(등주)·영성(적산) - 회하 하구 - 양자강 하구·남경(건강성)

일본으로 가는 연안 항로
한성(한강포구) - 인천만 - 남양반도 - 태안반도 - 금강하구 - 변산반도 - 영산강 하구 - 고흥반도 - 섬진강 하구 - 대마도 - 큐슈북부 - 오사카만 - 야마토

5세기에 접어들면 서해 바다를 직접 건너 중국으로 가는 항로가 개발되어 더 짧은 시간에 중국으로 가는 길이 열립니다. 황해도 연안에서 중국의 산둥반도를 직접 잇는 가장 짧은 횡단 항로가 먼저 개발됩니다. 금강하구를 통해 양쯔강으로 가는 항로까지 개발됩니다.

백제의 해상 교통로 발달은 육로를 통한 중국과의 교류가 고구려의 방해로 불가능했던 점도 영향을 주었습니다. 다음은 『삼국사기』 개로왕 18년의 기록으로 북위로 사신을 보내고자 하였으나 고구려가 이를 가로막아 가지 못하고 바닷길을 통해서 갔다는 내용입니다.

> 개로왕 18년, 위(魏)나라에 사신을 보내 예방하고 왕이 다음과 같은 글을 올렸다. "제가 동쪽 끝에 나라를 세웠으나, 이리와 승냥이 같은 고구려가 길을 막고 있으니, 비록 대대로 중국의 교화를 받았으나 번병(藩屏) 신하의 도리를 다할 수 없었습니다. …(중략)… 삼가 우리나라의 관군장군 여례와 용양장군 장무 등을 보내어 험한 파도에 배를 띄워 아득한 나루를 찾아, 목숨을 자연의 운명에 맡기면서 제 정성의 만분의 일이라도 보내고자 하옵니다.[47]

기록 속에서 고구려를 '이리와 승냥이'에 비유한 것이나, 바닷길을 통한 항해를 '험한 파도에 배를 띄워 아득한 나루를 찾아, 목숨을 자연의 운명에 맡기면서…'등의 표현을 쓴 것은 외교적인 꾸밈말로도 재미있지만 당시 고구려와의 관계, 해상교통의 위험성을 잘 보여주는 것이라고 생각합니다.

백제가 해상 교통에 일찍 눈을 뜬 것은 고구려 때문이지만, 이를 극복한 것은 백제 사람들의 노력입니다. 위험한 해상교통을 위해 배 만드는 기술과 항해술을 발전시킵니다. 당에서 불교를 공부한 일본의 승려 엔닌은 "백제의 해민들은 방향과 거리를 계산해 항해하는 바리항법, 밤에는 별을 보고 방향을 잡는 관측성 항해법, 흐린 날에는 지남부침(指南浮針)이라는 나침반을 이용하는 항해법으로 바다를 건넜다."라고 기록하였습니다. 당에 유학한 일본인 승려에게 알려질 정도로 백제의 항해술이 뛰어났다는 증거입니다.

---

47) 『삼국사기』 백제 본기 개로왕 18년, 국사편찬위원회데이터베이스.

백제의 배는 성능이 좋아 중국과 일본에 널리 알려질 정도였습니다. 일본의 옛 문헌에는 백제의 기술자가 만든 크고 튼튼한 배를 '백제 배'라고 불렀다는 기록도 있습니다. 백제 배들은 어떤 모양이었을까요? 백제 배가 실물로 발굴된 적이 없고 고대 기록에도 배의 모습에 대한 것은 없어서 복원이 어렵습니다. 다만 배의 밑바닥이 평평한 평저선으로 돛은 1개인데, 2개라는 이야기도 있습니다.

그러나 한참 후대인 중국 명 때 백제 배에 대한 기록이 있습니다. 태조 주원장이 해금(海禁)정치를 펼쳐 중국 해안에 퍼져 살던 백제 유민들을 학살하거나 추방했습니다. 이에 반발한 백제유민들과 해전을 벌였는데 백제인들이 만든 배를 이기지 못했다는 내용입니다. 이후 명은 백제유민의 배를 빼앗아 군선으로 개조해 사용했고 이 배를 17가지 모양으로 구분했다고 합니다. 즉 바다가 얕은 장강(양자강) 이북의 항해에는 배 밑바닥이 평평한 평저선을, 바다가 깊은 장강 이남의 동·남지나해용으로는 배 밑이 칼날처럼 생긴 첨저선을 썼다고합니다.[48]

■ 수입 명품으로 보는 백제의 대외 교류

고대의 동아시아는 지금처럼 사람과 물자가 활발히 오고가는 교역의 공간이었습니다. 이런 교역의 한 가운데 백제가 있습니다. 이를 뒷받침하는 유물들이 대단히 많습니다. 먼저 풍납토성과 몽촌토성에서는 가야의 토기가 많이 출토됩니다. 이를 통해 백제와 가야의 여러 나라는 동맹 관계였음을 추측할 수 있습니다. 백제는 동맹국인 가야를 거점으로 왜와 교류를 하였습니다.

백제와 중국은 서진(265~316) 때인 3세기 말부터 활발히 교류했습니다. 중국과의 대외관계를 잘 보여 주는 유물로는 세발토기, 동전무늬도

---

48) 서울재발견 서울스토리 홈페이지(http://www.seoulstory.kr), 「강력한 해양국가 백제의 조선기술」

기, 청자, 청동자루솥, 허리띠 꾸미개 등이 있습니다. 특히 몽촌토성 출토 허리띠 꾸미개는 중국 옹가령 동진시대의 묘에서 발견된 허리띠 꾸미개의 부속구와 형식이 같아서 4~5세기 사이 백제와 동진(317~419)의 활발한 교류를 입증해 줍니다.

풍납토성에서 출토된 유약 바른 도기는 올리브색과 흑갈색을 주로 띠고 있는데 중국에서 수입한 것입니다. 그중 눈에 띠는 것이 동전무늬도기입니다. 몽촌토성에서 처음 흑갈유 동전무늬도자기 조각 3점이 출토된 뒤 풍납토성 등에서 속속 출토되는 동전무늬도기는 3~5세기 백제와 중국 남조의 활발한 교류를 보여주는 중요한 유물입니다. 중국에서는 한나라 때부터 항아리의 표면에 동전무늬를 두드리거나 눌러서 동전무늬를 표현한 도자기가 제작됩니다. 동전무늬도기 안에서 동전이 나오는 경우가 많아서 동전을 보관하는 항아리임을 나타내기 위해서 무늬를 새긴 것이라고 생각하고 있습니다.

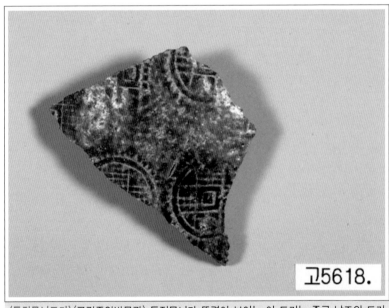

고5618.

〈동전무늬도기〉(국립중앙박물관) 동전무늬가 뚜렷이 보이는 이 도기는 중국 남조의 도기로서 백제와 중국 남조의 활발한 교류를 보여주는 중요한 유물입니다.

풍납토성의 중요성을 가장 먼저 알린 청동 자루솥 역시 백제와 중국의 활발한 교류를 잘 보여주는 유물입니다. 짐승 3마리가 장식된 다리에 용머리 손잡이가 달린 청동 자루솥은 음식을 튀기거나 볶는 데 사용하는 그릇입니다. 백제에서 만든 것은 아니고 중국 동진 계열의 유물로 보여 당시 백제의 국제 교류를 보여주는 유물이기도 합니다. 초두가 출토되는 유적은 대부분 고분입니다. 중국에서도 고분의 부장품으로 초두를 많이 사용했다고 합니다. 이로 미루어 왕족이나 귀족들이 제사를 지내거나 상장례를 치를 때 중국에서 수입한 물품들을 의식용으로 사용했음을 알 수 있습니다.

〈청동제 초두〉(국립중앙박물관) 1914년 을축년 대홍수로 인해 무너진 풍납토성 성벽에서 커다란 항아리가 발견되었습니다. 이 초두는 바로 그 항아리 안에 들어 있었다고 합니다.

몽촌토성에서 출토된 스에키는 일본 고분시대의 대표적인 토기입니다. "쇠처럼 단단한 토기"라는 뜻을 가진 스에키는 원래 가야의 토기 영향을 받아 제작된 것입니다. 일본열도에서 제작된 스에키가 한성백제의 왕성인 몽촌토성에서 출토된 것은 백제가 동아시아 교역망의 중심에 있었다는 사실을 보여줍니다.

제 3 장

고분에 담긴 백제인의 죽음

1. 백제인이 죽음을 기억하는 방법

■ **고분이란?**

말 그대로 하면 옛 '고(古)', 무덤 '분(墳)' 옛 무덤이란 뜻입니다. 그러니까 과거에 만든 모든 무덤을 고분이라고 할 수도 있습니다. 부모, 친구혹은 자식 등 함께 지내던 이의 죽음만큼 슬픈 일은 없을 것입니다. 죽은 이를 기억하고 추모하는 기념물로서의 무덤은 선사시대부터 만들어집니다. 아마 인간과 동물이 갖는 가장 중요한 차이 중 하나가 죽은이후의 세계에 대한 관념이 있는지 여부일 것입니다. 하지만 과거의무덤을 모두 고분이라 부르지는 않습니다. 고고학과 역사학에서는 일반적으로 특정한 시기, 그러니까 대략 삼국시대를 전후로 한 고대 국가시기에 지배계층의 무덤으로 만든 것을 고분이라고 정의합니다. 고분은고대사회 지배 권력의 모습과 그 시대의 사회 모습을 반영하고 있습니다. 삼국시대 고분의 거대한 모습은 당시 지배자의 권위를 과시하는수단이었고 또 그만큼 지배자의 권력이 강력했음을 보여 줍니다. 그안에 함께 묻는 막대한 양의 소중한 부장품들 또한 지배층의 부유함을과시하는 것이었습니다.

이처럼 고분은 당대의 과학 기술과 문화 예술이 총동원되어 만들어집니다. 왜냐하면 당시 지배층이 가장 중요한 의미를 갖고 만들었기 때문입니다. 어느 시대나 그 시대가 가장 관심을 갖는 부분에 기술과 자원이 집중되기 마련입니다. 따라서 고분에 대한 연구는 삼국 시대의 생활 모습과 정치적 변화뿐 아니라 예술과 문화 그리고 과학기술까지 파악하는 데 중요합니다.

▲〈경주 황남동 대릉원의 황남대총〉(김진호) 남분과 북분, 두 개의 무덤이 연결된 이 거대한 신라 고분은 지배층의 위세를 보여 주는 대표적인 예입니다.

▶〈황남대총 북분 출토 금관〉(국립중앙박물관) 국보 제191호인 이 금관은 거대한 무덤의 규모에 걸맞은 찬란한 껴묻거리 중의 하나로 당대 지배층의 권위를 상징하며 한편으로는 그들의 화려한 생활을 보여 줍니다.

고분은 왕을 비롯한 지배층의 무덤이기에 그들이 주로 살던 지역에 조성합니다. 그래서 대부분의 고분은 나라의 중심인 도읍 주변에 있습니다. 지방의 실력자들도 왕을 따라 커다란 고분을 만드는데 이때 고분들 역시 그 지방의 핵심 지역에 위치하는 경우가 대부분입니다.

■ 무덤의 주인공에 따라 고분을 분류하면?

고분에 대해 알아야 할 기본적인 지식들을 공부해 볼까요?. 먼저 고분의 종류에 대해서 알아봅시다. 고분은 무덤의 주인공이 누구인가에 따라

능과 총으로 분류합니다. 능은 무덤의 주인공이 왕 또는 왕에 버금가는 지위에 있었고 그가 누구인지 확실한 경우에 사용합니다. 예를 들어 공주의 무령왕릉은 백제 무령왕의 무덤인데 무덤방으로 가는 입구에서 '영동대장군 백제 사마왕'이라는 글이 새겨진 지석이 발견되었습니다. 『삼국사기』와 중국의 역사책에 '영동대장군'의 칭호를 받은 기록이 있는 왕이 무령왕이었기 때문에 무령왕의 무덤으로 확인되었습니다. 그래서 무령왕의 무덤이라는 의미로 '무령왕릉'으로 정해졌습니다.

〈공주 송산리 고분군의 무령왕릉 모습〉(문화재청) 1971년 송산리 고분군의 5, 6호분 보수 공사 중에 우연히 발견되었습니다.

〈무령왕릉 입구에서 발견된 지석〉(문화재청) 지석의 기록은 이 무덤이 무령왕의 무덤임을 알려 주는 소중한 기록입니다.

한편 총은 고분의 주인이 왕이거나 그와 비슷한 지위에 있는 인물로 추정할 만큼 무덤의 규모가 크지만 그가 누구인지 명확하지 않은 경우에 사용합니다. 대표적으로는 장군총이 있습니다. 중국 지린성 지안에 있는 장군총은 무덤의 규모로 봐서는 왕의 무덤이 확실하지만 그 주인공이 누구인지 알아낼 만한 명확한 단서가 없어서 중국사람들이 붙인 명칭인 '장군총'이라고 부릅니다. 경주의 신라 무덤 중에서도 황남동의 거대한 돌무지덧널무덤들은 주인공이 누구인지 명확하지 않아서 '황남대총', '천마총' 등으로 불립니다. 왕과 관련된 '능'과 '총' 이외에 일반 지배층의 무덤들은 '분'이라고 부르는 경우가 대부분입니다.

〈경주 천마총〉(김진호) 수학여행으로 초등학생들이 많이 찾는 경주 황남동 대릉원의 천마총 역시 무덤의 주인공이 누구인지 모릅니다. 말다래에 그려진 천마그림은 말이 아닌 기린이라는 주장이 있습니다. 그렇다면 천마총이 아닌 기린총으로 불러야겠네요.

〈장군총(중국 지안시)〉(기경량제공) 무덤의 주인공이 누구인지 정확하지 않아서 의견이 분분하고 규모가 매우 커서 마치 장군같다고 해서 장군총이라 붙였습니다.

■ 무덤의 구조와 매장 방식에 따라 고분을 분류하면?

고분은 구조와 매장방식에 따라 구분하기도 합니다. 고분의 구조는 겉모습을 거대하고 웅장하게 보이기 위한 외관, 내부 매장시설, 순장이나 껴묻거리를 놓는 공간 등으로 이루어집니다. 고분의 외관을 결정짓는 것은 고구려와 백제 초기 돌무지무덤을 제외하고는 흙을 올려 쌓은 봉분의 크기입니다. 봉분이 큰 무덤은 봉토의 밑 부분을 감싸는 호석이 설치되어 있습니다. 그리고 돌을 올려쌓는 경우는 돌무지무덤으로 따로 구분합니다. 정리하자면 고분의 외관으로 보면 흙을 쌓은 봉토분과 돌을 쌓은 돌무지무덤으로 나눌 수 있겠네요.

고분의 주인공과 껴묻거리 등을 배치하는 고분의 핵심 공간을 매장 주체 시설이라고 하는데 이를 살펴보면 매장 방법과 함께 당시의 장례 풍속을 알 수 있습니다. 시신은 널(목관), 돌널(석관)에 넣어서 다른 껴묻거리와 함께 다시 덧널(목곽), 돌덧널(석곽), 돌방(석실)으로 보호됩니다. 매장 주체 시설에 있는 여러 유물은 고분의 주인공이 누구인지 판단하는 중요한 근거가 되는 동시에 당시 생활 모습을 알려주는 중요한 단서가 됩니다. 매장주체시설은 구덩이를 파고 위에서 아래로 설치하는 방식이 있는데 이를 수혈식 또는 구덩이식이라고 합니다. 그리고 옆으로 굴을 파서 매장주체시설로 들어가는 입구를 만드는 경우를 횡혈식 또는 굴식이라고 합니다.

한성백제 시기에는 다양한 구조의 무덤이 조성되었습니다. 구조가 다양하다는 것은 무덤을 만든 세력이 각각 다른 문화적 배경을 가졌음을 의미합니다. 그만큼 백제의 지배층이 다양한 세력이 합쳐졌다는 의미도 되겠네요. 일반 백성들은 나무관에 시신을 넣어 땅을 파 묻는 것이 일반적입니다. 이를 움무덤[토광묘]이라고 합니다. 돌무지무덤은 왕과 귀족 등 상류층의 무덤이었습니다.

〈석촌동 고분군 내 움무덤〉[토광묘](문화재청)

〈석촌동 고분군 제4호분 돌무지무덤〉(문화재청) 멀리 우리나라에서 가장 높은 빌딩인 롯데타워가 보입니다.

흙무지무덤 또는 분구묘라고 불리는 무덤은 아주 독특합니다. 흙을 미리 쌓아 커다란 흙더미를 만들고(이를 분구라고 부릅니다.) 이 안에 시신을 넣은 나무널, 독널(항아리를 말합니다.)을 차례로 묻습니다. 그러니까 많은 사람의 무덤이 한 봉토 속에 있는 것입니다.

돌덧널무덤은 긴 네모꼴의 구덩이를 파고 네 벽에 돌을 쌓아 덧널을 만들고 그 안에 시신을 넣은 나무널과 껴묻거리 상자(안 넣을 때도 있습니다.)를 넣는 무덤입니다. 주로 가야에서 만들었으며 백제는 지방에서 많이 사용합니다.

〈영산강 유역의 대표적인 분구묘인 신촌리 9호분 내부 모습 복원 전시〉(국립나주박물관, 김진호 촬영) 커다란 흙더미[분구] 안에 시신을 넣은 대형 옹관[독널]이 여러 개가 있습니다.

굴식돌방무덤은 구덩이를 파고 넓은 판석을 이용하여 돌방을 만들고, 방 한쪽에 사람이 드나들 수 있는 길[연도라고 부릅니다.]을 만든 무덤입니다. 무덤을 드나드는 출입구가 있어 시신을 매장한 후 다른 시신도 나중에 넣을 수 있어 추가 매장이 가능한 구조입니다. 따라서 부부나 가족이 함께 묻힐 수 있습니다. 백제를 비롯한 삼국 모두 다양한 장제를 보이다가 나중에는 굴식돌방무덤이 대세가 되는 것은 이러한 장례의 편리성 때문입니다.

한편으로는 이런 장제의 변화는 죽음에 대한 인식의 변화와 관련이 있습니다. 사후 세계에 대해 현재의 세계가 그대로 이어진다는 인식이 강했던 시기에는 무덤을 사자(死者)의 집이라고 생각했기에 크고 화려하게 꾸미거나, 대량의 다양한 껴묻거리를 함께 묻었지만 불교의 수용 등으로 변화된 사후세계에 대한 관념이 무덤을 크고 화려하게 꾸미기보다는 단순하고 편리하게 변화시켰습니다.

2. 한성 백제 지배층의 무덤, 석촌동 고분군

■ 돌마을로 불린 석촌동 고분군

몽촌토성에서 나와 올림픽공원의 정문에 해당하는 평화의 문을 지나면 몽촌토성역이 있습니다. 몽촌토성역에서 8호선을 타고 석촌역에서 내려 6번 출구로 나온 뒤 석촌동 주민센터 방향으로 5분 정도 걸으면 단독주택에 둘러싸인 서울 석촌동 고분군을 볼 수 있습니다. 이 곳에는 커다란 돌무지무덤이 많아서 마을 이름도 '돌말', '돌마리', '석촌(石村)'이라 불렀습니다. 지금 행정동명인 '석촌동(石村洞)'이 여기에서 유래되었습니다.

서울 석촌동 고분군은 1975년 사적 제243호로 지정되었습니다. 처음에는 석촌동백제초기적석총이라는 이름으로 지정되었다가 2011년 서울 석촌동 고분군으로 변경되었습니다. 이름이 변경된 이유는 초기적석총이라는 이름이 고분군의 성격을 제대로 설명하고 있지 못하기 때문입니다. 석촌동 고분군에는 우리에게 잘 알려진 적석총 즉 돌무지무덤뿐 아니라 다양한 형식의 고분이 있습니다. 일제강점기인 1917년의 지도에는 큰 무덤이 290여 기가 표시되어 있었으니까요. 백제 고분 문화의 특징 중 하나는 다양한 고분 형식의 존재입니다. 석촌동 고분군에서는 1986년 3호분 동쪽 고분군 조사에서는 길이 70m, 폭 15m 내외의 좁은 공간에 토광묘, 즙석봉토분, 화장유구, 대형토광묘, 옹관묘, 돌무지무덤 등의 무덤형식이 혼재하고 있어 이러한 특징이 극명하게 확인됩니다. 석촌동 고분군에서 나타나는 다양한 무덤 축조 방식은 계통이 다른 집단의 존재 가능성과 백제 초기 사회의 복잡성을 반영한다고 해석되고 있습니다.

석촌동 고분군에 대한 발굴조사가 이루어진 지 30여년이 지난 지금, 급격한 개발로 인해 백제 한성기 도성의 매장 유적에 대한 조사는 더

〈현재 남아 있는 석촌동 고분군〉(문화재청) 60년대 이후 지속된 대규모 개발로 인한 파괴로 대부분의 고분이 파괴되었고 몇 개의 고분만 남아 있습니다.

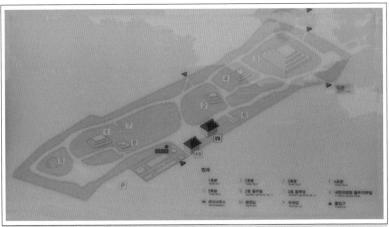

〈석촌동 고분군 위치도〉(김진호) 언뜻 본다면 석촌동 고분군의 고분이 모두 돌무지무덤인 것처럼 보이지만 실제는 다양한 구조의 고분이 있습니다.

이상 진행된 바 없으며, 고분군에 대한 많은 논쟁도 교착 상태에 머물러 있었습니다. 하지만 최근 들어 조사 자료의 축적과 함께 일제 강점기에

작성된 석촌동 일대 고분분포도의 공개, 발굴 기관의 재보고 사업, 새로운 방법론의 도입 노력 등을 통하여 석촌동 고분군에 대한 재인식의 계기가 마련되었습니다.49)

■ 개발 과정에서 훼손된 석촌동 고분군50)

서울 강남지역을 중심으로 분포되어 있는 한성백제 시기 유적들에 대한 고고학적 조사는 1911년 9월 18일에 이루어진 석촌동 고분군의 조사로부터 시작되었다고 해야 할 것입니다.51) 일제 강점기 조사 당시 광주군 중대면의 조그만 마을이었던 석촌동은 황폐한 무덤 사이에 있다고 말할 수 있을 정도로 많은 고분이 마을의 동남쪽 논과 밭 주변에 흩어져 있었습니다. 이 조사는 일제강점 직후 우리의 유적, 유물을 지역별, 시대별로 정리하고 네 가지 등급으로 나누어 보존 순위를 정하는 목적으로 이루어진 것으로서 세키노 타다시(關野貞)·구리야마 준이치(栗山俊一)에 의해 조사된 '石村古墳(석촌고분)'은 백제에 해당할 가능성이 높은 것으로 추정되면서 보존 순위 두 번째인 '을(乙)' 등급이 부여되었습니다. 이 보고서에 실린 세키노 타다시의 글에서는 백제 유적으로는 유일하게 석촌동 고분에 대해 기술하고 있는데 경기도 남한산 서남록 송파의 동남쪽 석촌에 대소 수십 기의 '분롱(墳隴)'이 있다는 간단한 내용입니다.52)

석촌동 고분군은 1911년의 현황 조사를 통해 한성 시기 백제의 고분군으로 알려졌습니다. 1912년에는 구리야마 준이치에 의해 석촌 부근 백제 고분 분포도가 작성되었는데 갑총 23기와 을총 67기가 표시되어

---

49) 조가영, 「석촌동 고분군의 새로운 인식과 해석」, 제13회 백제학회 정기발표회, 2013.
50) 김낙중, 「백제고고학사」, 제43회 한국상고사학회 학술대회, 2014.
51) 關野貞·谷井濟一·栗山俊一, 『朝鮮古蹟調査略報告』, 1914.
52) 關野貞, 「朝鮮文化の遺蹟(其三)」, 『朝鮮古蹟調査報告』, 1914, 141쪽.

있어 석촌동 일대에는 1912년 이전까지 최소한 89기의 고분들이 존재하였음을 알 수 있지만 현재 알려진 것은 10기 미만에 불과합니다.

구리야마가 분류한 고분에서 갑총은 흙으로 봉분을 만든 봉토분, 을총은 돌로 쌓은 돌무지무덤으로 추정되지만 을총 중에는 봉토에 돌을 붙인 형태의 즙석봉토분 등도 포함되었을 것으로 보입니다. 해방 이후에는 1974년 석촌동 3·4호분이 조사되었습니다. 이를 통해 석촌동 고분군의 돌무지무덤이 중국 지안·통구에 위치한 고구려의 고분과 유사한 구조를 가지고 있음이 확인되었습니다. 이때 조사된 석촌동 3호분과 4호분이 사적 제243호 석촌동백제초기적석총이라는 이름으로 지정되었습니다.

1976년에는 잠실 지구 개발에 따른 조사의 일환으로 석촌동 파괴분 및 5호분이 발굴되었습니다. 그러나 1970년대부터 급속히 진행되었던 강남 일대의 개발에 비해 유적 조사는 극히 일부 지역에 대해 소규모로 진행되었습니다. 따라서 조사의 손길이 미치지 못한 대부분의 지역에서는 수많은 유적들이 아예 존재조차 알리지 못하고 파괴되었을 것입니다. 석촌동의 고분군만 보더라도 1916년 이전까지 89기의 고분이 확인되었지만 1960년대까지 대부분 파괴되었고, 1980년대에 들어와서도 사적으로 지정된 석촌동 3호분과 4호분 사이의 백제고분로가 확장되면서 석촌동 3호분이 상당부분 파괴된 것을 보아도 짐작할 수 있을 것입니다.[53]

1982년에 시행되었던 백제고분로의 공사과정에서 석촌동 3호분이 훼손된 사실은 크게 문제가 되었는데 결국 석촌동 3호분을 복원·정비하기로 하였으며 이를 위해 석촌동 3호분의 정확한 규모를 알기 위한 조사가 1983년에 실시되었습니다. 당시 석촌동 3호분은 고분 분구와 주변에 밀집된 민가로 인해 충분한 조사가 이루어질 수 없었지만 이 조사 자료를 토대로 그동안 사적으로 지정되었던 3·4·5호분 주변 1,513평에 새로 3,415평이 추가되어 총 4,928평이 사적으로 지정되었습니다. 그리고 민

---

53) 李亨求, 「漢江流域百濟前期首都遺蹟保存問題」, 『정신문화연구』, 1984 여름호, 121~148쪽.

가가 이전된 다음인 1984년에 실시된 조사를 통해 석촌동 3호분의 대체적인 규모와 함께 부곽으로 추정되는 석곽이 발굴되었는데,[54] 그 규모와 구조, 동진청자반구호, 금제 달개장식 등의 출토 유물을 통해 근초고왕의 무덤으로 추정되었습니다.[55]

이와 같이 석촌동 3호분의 규모가 당시에 남아있는 것보다 훨씬 더 컸던 것임이 밝혀지자 1985년에는 석촌동 고분군의 보존을 위해 남아있는 석촌동 고분군 전체 지역에 해당하는 15,000여 평을 사적으로 확대 지정하였습니다. 이로 인해 백제고분로가 정상적으로 소통되기 어렵게 되자 서울시에서는 백제고분로의 일부를 지하차도로 변경하고 백제고분로로 격리되었던 석촌동고분군 전체를 연결하여 고분 공원으로 조성하기로 하였습니다. 이에 따라 1986년부터 지하차도 건설을 위한 공사가 시작되었는데 석촌동 3호분 동쪽 일부지역이 공사구간에 포함되자 이에 대한 발굴조사가 1986년 7월과 8월에 실시되었습니다.[56]

이 조사에서는 그동안 서울 지역에서 조사된 바 없었던 전형적인 토광목관묘들이 옹관묘와 함께 발굴되었는데 특히 층서관계를 이룬 자료들이 많아서 백제 초기 토기와 고분의 편년에 활용할 수 있게 되었고, 석촌동 3호분의 정확한 규모가 동서 50.8m, 남북 48.4m인 것으로 최종 파악되었습니다.

이어 1987년에는 석촌동 고분군 지역에 산재했던 민가들이 철거됨에 따라 공원 조성에 앞서 전면적인 조사가 이루어졌습니다. 이 조사는 서울대, 경희대, 숭실대 3개 대학 연합발굴단에 의해 실시되어 돌무지무덤인 1호분과 2호분의 구조와 규모가 확인되었고 다른 많은 고분들이 조사되었습니다. 이에 따라 석촌동고분군 일대에는 육안으로 관찰되는

---

54) 石村洞遺蹟發掘調査團, 「石村洞3號墳(積石塚) 復元을 위한 發掘報告書」, 1984.
55) 金元龍· 李熙濬, 「서울 石村洞 3號墳의 年代」, 『斗溪李丙燾博士九旬紀念韓國史學論叢』 1987, 17~32쪽.
56) 金元龍· 林永珍, 『石村洞 3號墳 東쪽 古墳群 整理調査報告』, 서울대학교박물관, 1986.

대형 고분 이외에도 수많은 소형고분들이 밀집해 있었음을 알 수 있게 되었습니다. 그리고 서울시에서는 기존에 조사된 3~5호분과 함께 새로 조사된 1, 2호분을 정비하여 백제고분공원을 조성하였습니다.[57]

▪ 석촌동 고분군에 묻힌 사람들은 누구일까?

석촌동 고분군은 풍납토성에서 약 2.8km, 몽촌토성에서는 2km 정도 떨어져 있습니다. 어른 걸음으로 걸어서 풍납토성에서는 50여 분, 몽촌

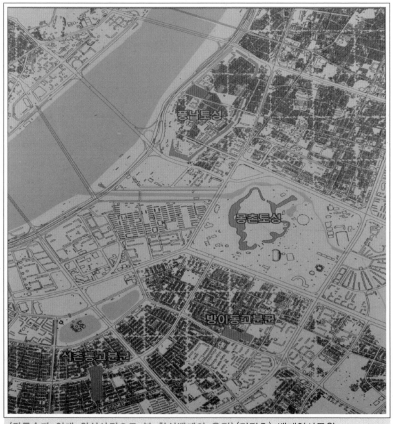

〈강동송파 일대 위성사진으로 본 한성백제의 유적〉(김진호) 백제역사공원

---

57) 임영진, 「서울지역 고분의 종합적 고찰」, 『향토서울』 66호, 2005.

토성에서는 35분 정도 걸립니다. 지금은 고분군 주변이 온통 주택지로 변했지만 한성백제 시기에는 고분군 남쪽으로는 탄천이 흐르고, 서쪽으로는 한강이 흐르고 있었습니다. 아마 한성백제 시기 사람들은 풍납토성에서 살다가 죽으면 남쪽 한강변의 귀족과 왕족을 위한 국립묘지에 해당하는 이곳 석촌동 고분군에 묻혔을 것입니다.

하지만 석촌동 고분군 속 무덤의 주인공이 누구인지는 밝혀지지 않았습니다. 무덤의 주인공이 밝혀지지 않아도 왕릉급이면 '총'을 붙인다고 했는데 이러한 구분도 아직 이뤄지지 않았습니다. 그래서 고분들을 번호로 매겨서 구분하고 있습니다. 백제의 고분 중 무덤의 주인공이 명확히 밝혀진 것은 무령왕릉이 유일합니다.

그럼 본격적으로 석촌동 고분군의 고분들을 만나볼까요?

3. 석촌동 고분군 둘러보기

■ 석촌동 고분군의 돌무지무덤

돌무지무덤은 시신을 넣은 매장주체부 위에 돌을 쌓아서 만든 무덤입니다. 돌을 많이 쌓아서 무덤의 규모가 크기 때문에 자신의 권력을 대내외에 과시할 정치적 필요가 있는 왕과 귀족들의 무덤으로 추정합니다. 석촌동의 돌무지무덤은 2, 3, 4호분이 해당됩니다.

석촌동 제2호분은 1985년 석촌동 백제 고분군 정비 계획에 의해 복원되기 전에는 돌로 덮인 봉우리 모습이었습니다. 그리고 주변에 민가와 돌담장이 세워져 있었습니다. 1987년 발굴조사 당시 돌무지는 기단부의 1m 정도만 남아 있었고, 흙무지가 높이 3.8m 정도 남아 있었다고 합니다. 이를 토대로 3단의 계단식 돌무지무덤으로 복원한 것입니다.

2호분은 무덤의 내부는 흙을 쌓아 만들고 바깥쪽에만 돌을 올려 쌓아 백제 돌무지무덤의 성격을 보여줍니다. 고구려의 돌무지무덤은 무덤의

〈석촌동 제2호분〉(문화재청) 1987년 발굴 당시에는 무덤 내부가 흙으로 채워져 있고 그 위로 돌을 쌓아 올린 형태를 잘 볼 수 있었습니다.

내부와 외부를 모두 돌로 채운 것에 비하면 백제 돌무지무덤은 내부의 모습이 다른 것입니다.

2호분과 겉모습은 비슷하지만 속사정은 다른 고분이 4호분입니다. 4~5세기에 축조된 것으로 추정되는 4호분은 아랫단 길이가 17m 가량인 계단식 돌무지무덤으로 사각형의 3단으로 되어 있습니다. 4호분도 내부는 흙으로 채워져 있고 겉 부분만 돌로 쌓은 백제 돌무지무덤의 특징을 보여줍니다.

1974년의 발굴조사에서 맨 윗 단에 동서 4.6m, 남북 4.8m의 네모꼴 돌방이 확인되었습니다. 하지만 1984년 정비 복원을 위한 재조사에서 원래 무덤의 형태가 진흙을 다져 쌓아올린 흙무지 속에 여러 구의 시신을 매장하는 흙무지무덤이었음이 확인되었습니다. 그리고 나중에 흙무지 위에 따로 돌을 쌓아 돌무지무덤 형태로 바꾼 것입니다. 시신은 흙을 다져 쌓은 지점 중 3곳에서 따로따로 확인이 되었습니다. 무덤 내부에서 벽돌, 토기, 기와 등의 조각이 발견되었지만 특별한 유물이 출토되지 않아 아쉽게도 무덤이 만들어진 시기와 흙무지무덤이 돌무지무덤으로 외모만 살짝 수술을 한 이유 등은 밝히지 못했습니다. 하지만 수막새와 기와가 많이 출토된 것으로 무덤 위에 기와 지붕의 건물이 있었던 것은 아닐까 추정하기도 합니다. 실제 고구려의 장군총이나 태왕릉의 정상에도 전각이 있었을 것으로 추정되기 때문에 4호분의 정상에도 기와지붕의 전각을 설치했을 가능성이 있습니다.

〈석촌동 제4호분〉(문화재청) 멀리 하늘 높이 솟아있는 롯데 월드 타워가 보입니다.

■ 석촌동 고분군 중 근초고왕의 무덤은 어디일까?

자, 이제 석촌동고분군에서 가장 거대한 3호분을 만나봅시다. 이 무덤은 동서 방향의 길이가 50.8m, 남북 방향 길이가 48.4m로 추정되는 사각형의 계단식 돌무지무덤입니다. 고구려의 대표적 돌무지무덤인 장군총의 아랫단 길이가 31.5m라는 점을 고려한다면 '동방의 피라미드'라고 불리는 장군총보다 훨씬 규모가 크다는 것을 알 수 있습니다. 하지만 돌무지를 쌓는 데 사용된 돌은 산에서 캐 온 큰 돌을 적당한 크기로 깨서 사용했습니다. 장군총이 커다란 화강암을 직육면체로 규격에 맞게 자른 다음 표면을 갈아서 다듬어 만든 것과는 상당히 다릅니다. 이 돌로 3단 이상을 쌓았는데, 1980년대 중반까지 여러 채의 민가가 무덤 위에 있었기 때문에 정확한 무덤의 높이는 알 수 없지만 최소 4.5m이상으로 보입니다.

　3호분의 축조 방식은 다음과 같습니다. 먼저 무덤을 조성할 땅을 잘 고릅니다. 그리고 40~50cm의 두께로 진흙을 깔아 나무공이 또는 지경돌을 이용하여 잘 다집니다. 그리고 그 위에 자갈돌과 지댓돌을 차례로 깔았습니다. 그리고 직경이 약 40cm가 넘는 깬 돌, 그리고 널빤지 모양의 돌을 가로 누여서 층층이 쌓아 올립니다. 가장 중요한 매장주체부는 무덤이 많이 훼손된 뒤에 발굴조사가 이루어졌기 때문에 찾지 못했습니다. 그래서 맨 아래층에 조성했는지 아니면 무덤의 중간, 혹은 윗부분에 조성했는지도 정확히 알 수 없습니다. 다만 무덤 주위에서 중국 동진

〈석촌동 고분군 제3호분〉(문화재청) 무덤의 규모가 너무 커서 정면에서는 잘 찍히지도 않습니다. 1984년 발굴 당시에는 무덤 위에 사람들이 사는 집들이 있었습니다.

〈고구려 장군총〉(김진호) 잘 다듬은 화강암의 장대석을 7층으로 쌓았습니다.

시대의 도자기 조각, 금으로 만든 얇은 장식으로 관이나 귀걸이에 다는 장식 조각인 달개, 백제 토기 조각들을 찾아 수습하였습니다.

고분군의 다른 무덤을 초월하는 커다란 규모, 그리고 동진의 자기, 금제 장신구 등의 고급 유물 등을 미루어 볼 때 이 무덤은 한성백제 시기의 왕릉이 분명합니다. 다만 이 무덤의 주인공이 누구인지 명확히 알 수 없다는 점인데, 학자들은 대부분 4세기 백제의 전성기를 이끌었던 근초고왕(346~375)의 무덤으로 추정하고 있습니다.

서울시 송파구 석촌동 고분군에는 고구려 지배층의 무덤 형식과 같은 돌무지무덤이 있습니다. 위에서 본 것처럼 고구려 돌무지무덤과 석촌동 고분군의 돌무지무덤은 상당히 비슷해 보입니다. 이러한 유사성이 말해 주는 것은 무엇일까요? 그것은 백제의 건국 세력과 고구려 건국 세력의 같은 계통임을 보여 준다고 할 수 있습니다. 백제 건국 이전 서울 강남 지역을 기반으로 성장하고 있었던 선주민들은 고구려에서 이주한 새로운 세력을 맞아 변화하게 됩니다. 그 변화를 고고학적으로 가장 잘 반영하여 주는 것은 백제식 돌무지무덤입니다. 임진강 유역에 자리 잡았던 고구려계 이주민들은 3세기 중엽 경에 서울 강남지역으로 남하하여 한 강 유역의 주도권을 장악하게 되었는데 그 과정에서 토광묘, 즙석분구 묘, 위석분구묘 등을 쓰는 현지 선주민들과 대규모 갈등을 일으킨 흔적 은 보이지 않습니다. 돌무지무덤 세력은 석촌동 1호분 북분을 통해 볼 수 있는 바와 같이 선주민에게서 왕비를 맞아들이는 형태 등으로 지배층 의 일부로 인정하면서 기존의 선주민과 연합하여 백제를 건국하였던 것으로 추정하고 있습니다.

■ 석촌동 고분군의 다양한 무덤들

현재 석촌동 고분군에는 돌무지무덤 외에도 흙무지무덤, 널무덤, 독 무덤 등 다양한 구조의 무덤들이 있습니다. 모두 한성백제 사람들의 무덤인데 왜 이렇게 다양한 무덤이 만들어졌을까요? 무덤을 조성하는 장제는 나와 나를 만들어 준 혈통, 조직의 정체성을 반영합니다. 그래서 무덤양식은 쉽게 바뀌지 않습니다. 다시 말하면 다양한 무덤은 한성백제 가 다양한 배경을 가진 서로 다른 세력이 함께 힘을 합쳐 만들었다는 것을 보여 줍니다.

먼저 백제 왕실은 부여에서 갈라진 고구려 계통의 이주민 세력이었고 이는 돌무지무덤으로 대표됩니다. 그리고 커다란 흙무지를 만들고 그 속에 여러 구의 시신을 안치하는 흙무지무덤[분구묘]는 한강 유역을 중 심으로 살았던 토착 마한 세력의 무덤양식입니다. 커다란 항아리를 시신 을 넣는 관으로 사용하는 독무덤은 한반도 남쪽, 특히 영산강 유역에서 많이 찾아볼 수 있는 무덤양식입니다.

특히 석촌동 5호분은 겉으로 보기에는 평범한 흙무덤으로 보이지만 즙석봉토분이라는 특이한 구조를 가지고 있습니다. 지름 17m, 높이 3m 의 원형 봉토분인 이 무덤은 형태가 가장 잘 보존된 것으로 정비·복원

할 때에도 내부 조사는 하지 않고 봉분을 만든 방식만 확인하였습니다. 이 봉분은 흙을 다져 쌓아 봉긋한 봉분을 만든 후 그 위에 강돌과 막돌로 한 겹 덮고, 다시 흙을 얇게 덮어 만들었습니다. 이렇게 돌을 붙여서 봉분을 만든 것을 '즙석봉토분'이라고 합니다. 이런 구조의 고분은 제5호분에서 동북쪽으로 수십 미터 떨어진 곳에 있는 가락동 1·2호분도 있습니다. 1969년 조사된 가락동의 무덤들은 하나의 봉분 안에 여러 개의 나무널과 독널을 각각 묻은 흙무지무덤[분구묘]로 밝혀졌습니다. 아마 석촌동 5호분의 구조도 이와 비슷할 것으로 유추됩니다. 그렇다면 즙석봉토분은 어느 계통의 장제일까요? 토착민의 무덤 양식에 돌을 붙이는 즙석이라는 고구려적 요소가 가미된 것으로 보는 견해도 있고, 흙무지를 만들고 그 속에 여러 시신을 안치하는 것으로 보아 마한의 전통을 계승한 것으로 보는 견해도 있습니다.

이렇게 다양한 무덤을 조성한 다양한 세력들이 한데 힘을 모아 만든 나라가 한성백제입니다. 이런 다양성은 백제의 문화를 풍부하게 하고

〈석촌동 제5호분 즙석봉토분〉(문화재청) 겉으로 보기에는 평범한 봉토분으로 보이지만 얇은 흙을 걷어내면 안쪽에 강돌을 붙인 부분이 드러납니다. 발굴 당시 보습을 보면 흙을 쌓아 만든 봉토에 돌을 붙인 모습이 보입니다.

새로운 문화를 만들어 내는 밑바탕이 되었습니다.

2015년부터 서울시 한성백제박물관 조사팀이 석촌동 1호분과 2호분 사이에서 발굴조사를 하고 있습니다. 80년대 발굴조사 이후 거의 30년 만의 대규모 발굴조사입니다. 이 조사로 그동안 알려지지 않은 새로운 백제 돌무지무덤이 발견되었습니다. 이 무덤은 가장 큰 북쪽의 돌무지 유구에서 시작하여 동쪽, 서쪽, 남쪽으로 소형의 돌무지가 확장해 조성 된 것으로 조사되었습니다. 각각의 돌무지 사이에는 점토나 깬 돌을 채워서 연결부분을 보강했으며 기단의 바깥에는 넓은 돌을 세워 받친 후 다시 돌과 점토를 쌓아 돌무지가 무너져 내리지 않도록 보강하였습니 다. 처음 축조한 돌무지무덤에 잇대어 다른 무덤을 축조한 것으로 추정 되는데, 정확한 구조는 차차 밝혀질 것으로 생각됩니다. 새로 확인된 무덤에서는 금동 귀걸이와 수막새, 토기 등이 출토되었습니다. 이번 발 굴조사로 석촌동 고분군이 풍납토성과 몽촌토성의 도성 유적과 짝을 이루는 한성백제 시기의 왕릉지구였음이 밝혀질 수 있을 것으로 기대됩 니다. 또한 백제 돌무지무덤의 성격을 명확히 규명하고 다른 무덤들에 대해서도 더 많은 정보를 얻어 백제 고분 문화의 특징을 잘 알 수 있게 되기를 기대합니다.

4. 백제인 듯 백제 아닌 방이동 고분군

몽촌토성과 석촌동 고분군 사이에는 사적 제270호로 지정된 방이동 고분군이 있습니다. 서울특별시 송파구 방이동 일대의 낮은 능선을 따라 즐비하게 있던 무덤의 일부를 1975년에 발굴조사한 뒤 1983년에 정비하 였습니다. 현재 남아 있는 무덤은 총 8기인데 이중 4기는 서쪽의 높은 지대에, 나머지 4기는 동쪽 낮은 지대에 있습니다.

이중 1호분과 6호분, 그리고 개발로 사라진 4호분 등은 깬 돌로 천장 을 둥글게 쌓아 올리는 궁륭식 천장을 가진 굴식돌방무덤입니다. 1호분은 입구를 개방하여 이 무덤의 구조를 일반사람들도 볼 수 있도록 해 놓았습니다. 물론 고분의 보호를 위해 입구를 통해 무덤 방으로 들어갈 수는 없습니다. 무덤방으로 들어가는 널길을 따라 들어가면 사방벽을 돌로 쌓아 올리고 천천히 천장을 둥그렇게 돌을 쌓는 궁륭식 천장을 볼 수 있습니다. 널길 입구의 윗부분은 커다란 판석으로 덮었습니다. 5호분은 구덩식 돌덧널무덤으로 조사되었지만 현재 남아있지 않습니다. 그리고 나머지 무덤들에 대한 정식 발굴조사는 이루어지지 않고 있습니다.

〈동쪽 낮은 지대의 7, 8, 9, 10호분〉
(문화재청)

〈서쪽 높은 지대의 1, 2, 3, 6호분〉
(문화재청)

이 무덤들은 발굴조사 전에 이미 도굴되어 유물이 거의 남아있지 않았습니다. 6호분에서 회청색 굽다리 접시를 비롯한 전형적인 신라 토기들이 출토되어 한강유역을 점령한 이후 통일신라의 무덤으로 보는 견해가 있습니다. 석촌동 고분군의 다양한 백제무덤들이 조성된 후 통일신라의 점령 이후에 굴식돌방무덤으로 변화되었다는 주장입니다. 하지만 한성백제 시기에 백제 지역이었던 서울 우면동, 하남 광암동, 성남 판교 등에서 백제의 굴식돌방무덤이 잇따라 발견됨으로써 한성백제 시기에도 굴식돌방무덤이 많이 만들어졌음이 입증되었습니다. 다만 그리고 방이동 고분군에서 출토된 신라의 토기에 대해서도 원래 백제무덤을 신라 사람들이 재사용했다는 증거로 판단하는 주장이 있습니다.

현재 1호분은 입구를 개방하여 일반인들도 무덤의 내부를 구경할 수 있도록 해 놓았습니다.

〈방이동 고분군 제1호분〉(문화재청) 무덤의 입구를 개방해서 무덤 내부를 들여다 볼 수 있도록 하였습니다.

〈1호분 내부 모습〉(문화재청) 무덤 입구의 널길을 다듬은 돌로 쌓고 입구 천장은 직사각형의 넓적한 큰 돌로 덮었습니다. 무덤 내부의 천장은 돌을 조금씩 들여쌓아 만든 궁륭형입니다.

■ 유네스코 세계유산에 대해서

세계유산(World Heritage)이란 국제연합 교육과학 문화 기구(United Nations Educational, Scientific and CulturalOrganization : UNESCO, 이하 유네스코) "세계 문화 및 자연유산 보호 협약"(Convention concerning the Protection of the World Cultural and Natural Heritage; 이하 세계유산 협약)에 의거하여 세계 유산목록에 등재된 유산을 말합니다. 세계유산으로 등재되기 위해서는 세계유산협약에 의해 유네스코의 특별위원회의 하나로 발족된 세계유산위원회로부터 인류문명과 자연유산 가운데 인류 전체를 위해 보호되어야 할 뛰어난 보편적 가치(Outstanding Universal Value)가 있다고 인정받아야 합니다. 세계유산은 문화유산, 자연유산, 복합유산으로 분류됩니다. 유네스코는 보존할 가치가 있는 유산을 전 인류가 공동으로 보존하고 이를 후손에게 전수하여야 할 세계적 유산으로 지정하여 인류의 소중한 유산들이 인간의 부주의로 파괴되는 것을 막기 위하여 노력하고 있습니다.58)

2016년 8월 현재 세계유산협약 가입국은 192개국입니다. 세계유산은 전 세계 165개국에 분포되어 있으며, 총 1,052점(2016년 8월 기준) 가운데 문화유산이 814점, 자연유산 203점, 복합유산이 35점입니다. 한편 위험에 처한 세계유산목록에는 총 55점(2016년 8월 기준)이 등재되어 있습니다.

세계유산으로 등재되기 위한 기준은 매우 엄격합니다.59) 등재의 기본 원칙은 완전성, 진정성, 뛰어난 보편적 가치 내재 여부의 판단 및 적절한 보존관리 계획의 수립 및 시행 여부입니다. 세부기준은 다음

---

58) 백제세계유산센터 홈페이지(http://www.baekje-heritage.or.kr) 참조.
59) 유네스코와 세계유산 홈페이지(http://heritage.unesco.or.kr) 참조.

10가지입니다.

(i) 인간의 창조적 천재성이 만들어낸 걸작을 대표해야 한다.

(ii) 오랜 시간 동안 또는 세계의 일정 문화지역 내에서 일어난 건축, 기술, 기념비적 예술, 도시 계획 또는 조경 디자인의 발전에 있어 인간 가치의 중요한 교류를 보여 주어야 한다.

(iii) 문화적 전통 또는 현존하거나 이미 사라진 문명의 독보적이거나 적어도 특출한 증거가 되어야 한다.

(iv) 인류 역사의 중요한 단계(들)를 예증하는 건조물의 유형, 건축적 또는 기술적 총체, 경관의 탁월한 사례여야 한다.

(v) 문화(복수의 문화)를 대표하는 전통적 정주지(定住地)나 토지 이용, 해양 이용을 예증하거나, 인간과 환경의 상호작용, 특히 돌이킬 수 없는 변화의 영향으로 환경이 취약해졌을 때의 상호 작용의 대표적 사례여야 한다.

(vi) 사건이나 살아있는 전통, 사상이나 신조, 뛰어난 보편성이 탁월 한 예술 및 문학 작품과 직접 또는 가시적으로 연관되어야 한다. (위원회는 이 기준은 여타 기준과 연계해 사용하는 편이 바람직 하다고 생각함)

(vii) 최상의 자연 현상이나 뛰어난 자연미와 미학적 중요성을 지닌 지역을 포함해야 한다.

(viii) 생명의 기록이나 지형 발전에 있어 중요한 지질학적 진행 과정, 또는 지형학이나 자연지리학적 측면의 중요 특징을 포함해 지구 역사상의 주요 단계를 입증하는 대표적 사례여야 한다.

(ix) 육상, 담수, 해안 및 해양 생태계와 동식물 군락의 진화 및 발전에 있어 생태학적, 생물학적 주요 진행 과정을 입증하는 대표적 사 례여야 한다.

(x) 생물학적 다양성의 현장 보존을 위해 가장 중요하고 의미가 큰 자연 서식지를 포괄하여야 하며 과학이나 보존 관점에서 볼

때 보편적 가치가 탁월하지만 현재 멸종 위기에 처한 종을 포함한다.

세계 문화유산으로 등재되기 위해서는 이중에서 1~6의 등재 기준 가운데 한 가지 이상을 충족해야 합니다. 7~10은 자연유산에 해당됩니다. 공주·부여·익산의 백제역사유적지구가 세계유산으로 등재된 것은 이중에서 2번과 3번을 두 가지가 해당된다고 인정받았기 때문입니다. 또한 세계유산은 탁월한 보편적 가치, 진정성, 완전성을 지니며 위의 조건 중 하나 이상을 충족하더라도 그 유산의 보호 및 관리에 관한 필요한 요구조건을 충족해야 합니다.

한국의 세계유산은 현재 13개가 지정되어 있습니다. 이중 제주 화산섬과 용암동굴은 우리나라 유일의 자연유산입니다. 제주를 제외하면 문화유산은 12개입니다. 이를 등재된 순서대로 소개하면 다음과 같습니다. 우리나라 세계 문화유산은 위에서 소개한 등재 기준 중 1개에서 3개의 기준을 충족시켜 등재되었습니다.

한국의 유네스코 세계유산 등재 목록

명칭	등재시기	유산종류
석굴암·불국사	1995년	문화유산
해인사 장경판전	1995년	문화유산
종묘	1995년	문화유산
창덕궁	1997년	문화유산
수원 화성	1997년	문화유산
경주역사유적지구	2000년	문화유산
고창·화순·강화 고인돌 유적	2000년	문화유산
제주 화산섬과 용암동굴	2007년	자연유산
조선왕릉	2009년	문화유산
한국의 역사마을(하회와 양동)	2010년	문화유산
남한산성	2014년	문화유산
백제역사유적지구	2015년	문화유산
산사, 한국의 산지승원	2018년	문화유산

세계유산에 등재되는 데에는 복잡한 절차와 함께 오랜 기간이 필요합니다. 먼저 각국 정부는 자국의 문화유산 중에서 세계유산 등재에 적합하다고 판단한 문화유산의 목록을 유네스코 세계유산센터에 잠정목록(Tentative List)으로 신청합니다. 잠정목록에는 특별한 심사 절차는 없으며 수시로 갱신이 가능합니다. 다만 세계유산으로 신청하기 위해서는 1년 전에 반드시 잠정목록에 등재해야 합니다.

다음 단계는 잠정목록에 등재한 우리나라의 문화유산 중 유네스코 세계유산에 적합한 문화유산을 정식으로 등재 신청합니다. 매년 2월 1일까지 제출해야 하는 정식 신청서에는 연간 2점 이내의 문화유산을 신청할 수 있습니다. 유네스코 세계유산센터에서는 신청서가 접수되면 신청 유산이 세계유산에 등재될 만한 것인지 세계유산위원회의 자문기구에 평가를 의뢰합니다. 문화유산은 세계유산목록과 국제기념물유적협의회((ICOMOS)에서, 자연유산은 세계자연보전연맹((IUCN)에서, 그리고 복합유산은 두 기관이 합동으로 평가를 합니다.

자문 기구의 전문가는 통상 당해 연도 하반기에 신청국을 방문하여 유산의 보존 현황 및 가치에 대한 현지 조사를 실시합니다. 그리고 현지 조사 결과 및 서류 검토 등의 논의 결과를 바탕으로 세계유산위원회에 신청된 유산의 세계유산 등재 여부에 대한 평가 의견을 제출합니다. 신청유산에 대한 자문기구의 평가는 '등재 권고', '보류', '반려', '등재 불가'로 나뉩니다.

세계유산위원회는 매년 6월말에서 7월 사이에 개최되는 세계유산위원회의에서 심의를 하여 세계유산 등재 여부를 최종결정합니다. 이때 보류는 일부 미비한 자료에 대해서 다음 해 2월 1일까지 추가 보완을 요구하여 이 보완 결과를 바탕으로 차기 위원회 회의에서 재심의하는 것입니다. 이 경우 등재 가능성은 높습니다. 반려는 등재신청서 상에 심각한 결함이 있어 심화 연구 또는 신청서의 수정이 필요한 경우로 원칙적으로 현재 재조사를 필요로 합니다. 마지막 등재 불가로 결정되면

해당 유산의 세계유산 등재는 거의 불가능합니다.

2016년 우리정부가 세계유산 등재 신청을 했던 한양도성이 2017년 3월 국제기념물유적협의회(ICOMOS·이코모스)로부터 '등재 불가' 판정을 통보받았습니다. 이코모스는 등재 불가 의견으로 "한국 고유의 사상인 성리학과 풍수를 근간으로 자연 지세를 살려 축성된 한양도성은 진정성, 완전성, 보존 관리 계획 등에서 충분한 요건을 갖췄지만 다른 나라의 세계유산 도시 성벽과 비교해 '탁월한 보편적 가치(Outstanding Universal Value)'를 충족하지 못한다."고 평가했습니다.

〈한양도성〉(문화재청) 2017년 세계유산 등재 신청을 추진하다가 유네스코 자문그룹으로부터 등재 불가 판정을 받았지만 그 아름다움이나 역사적 의미가 퇴색되는 것은 아닙니다.

■ 한성백제 유적이 세계유산이 되기 위해 필요한 것

2015년 충청남도 공주시와 부여군, 전라북도 익산시의 백제 관련 유적이 유네스코 세계유산으로 등재되었습니다. 하지만 아쉽게도 한성백제의 숨결이 남아있는 서울의 백제 관련 문화유산은 제외되었습니다. 그래서 최근 서울에 있는 한성백제기의 문화유산을 세계문화유산으로 등재시키기 위한 노력이 서울시부터 시민사회단체에 이르는 다양한 부분에서 전개되고 있습니다. 한성백제의 유적이 세계유산으로 등재되기 위해서는 보편적 가치와 진정성이 있어야 합니다. 이를 충족할 수 있는지, 혹은 부족하다면 무엇을 보완해야 할지 이야기해 볼까요?

한양도성의 등재불가 판정에서 볼 수 있듯이 문화유산의 진정성과 완전성, 그리고 보존관리계획 등에서 인정을 받았더라도 다른 나라의 비슷한 문화유산과 비교하여 탁월한 보편적 가치를 인정받지 못하면 등재가 어렵습니다. 이는 최근 세계 각국에서 자국의 문화유산을 세계유산으로 등재하기 위한 노력이 경쟁적으로 벌어지는 상황에서 선정에 대한 심의가 점점 더 까다로워지고 있다는 것을 의미합니다. 그렇다면 한성백제의 대표적인 유적인 풍납토성, 몽촌토성, 석촌동 고분군이 갖는 탁월한 보편적 가치에 대해 생각해 볼 필요가 있습니다.

최근 '서울 백제역사유적의 유네스코 세계유산 잠정목록 등재 추진을 위한 전문가 워크숍'에서 제시된 전문가의 다양한 의견을 소개합니다.

먼저 신희권 서울시립대 교수는 풍납토성의 가치에 대해서 다음과 같이 이야기했습니다. 먼저 북성인 풍납토성과 남성인 몽촌토성 이렇게 2개의 궁성을 쓰는 백제의 도성 체제와 궁성 주변의 왕릉군과 외곽 방어성을 배치하는 도성 입지 등에서 백제만의 특징을 갖추었기 때문에 문화적 전통을 보여주는 특출한 증거라는 점을 강조합니다. 또한 풍납토성에서 출토된 중국제 시유도기, 초두, 낙랑계 토기, 백제의 지방산 물품, 가야계 토기 등은 풍납토성이 동아시아 외교의 중심지였다는 증거라는 점에서 인간 가치의 중요한 교류를 보여 주고 있다는 점도 제시하고 있습니다.

김종섭 서울시립대 교수도 "서울 백제역사유적은 같은 시기 다른 유적과 축성의 구조, 왕성의 건축물 구성, 고분의 조성 위치 등에서 많은 차이를 보인다."며 "자기 개성을 갖는 탁월한 문화 양상임을 주장하는 데 큰 무리가 없다."고 밝혔습니다.

그리고 노중국 계명대 명예교수는 풍납토성의 세계유산 등재를 위해 이미 등재된 백제역사유적지구의 범위를 서울까지 넓히는 '확장 등재' 방식을 제안하였습니다. 그리고 이를 위해 먼저 세계유산 잠정목록에 올리는 일부터 추진하자고 제안하였습니다.

전문가의 의견을 종합해 보면 한성백제의 문화유산이 갖는 탁월한 보편적 가치와 완전성, 진정성에 대해서는 이견이 없는 것처럼 보입니다. 또한 이러한 요소는 이미 공주와 부여 그리고 익산의 백제유적지구가 세계유산에 등재되면서 검증을 받았다고 할 수 있습니다. 다만 이런 가치가 세계유산위원회 자문기구의 실사에서도 인정받을 수 있도록 다양한 노력이 필요합니다. 특히 현재 한성백제 시기의 유적은 경제발전과 개발의 미명 아래 파괴가 자행되었습니다. 이러한 유적에 대한 보호와 보존의 노력이 인정받을 수 있도록 정부와 서울시 그리고 시민 사회가 함께 노력해야 합니다.

에필로그

욕망의 화장을 지우고 맑은 모습으로 바라본
서울, 강남, 한성백제

  일본 애니메이션 중에 '센과 치히로의 행방불명'이라는 작품이 있습니다. 초등학생인 치히로는 친구들이 있는 도시를 떠나 부모님과 함께 이사를 가다가 길을 잃고 낯선 곳으로 가게 됩니다. 길을 찾던 치히로와 엄마, 아빠는 음식을 파는 거리를 만납니다. 주인이 없는 그곳에서 치히로의 만류에도 불구하고 거리낌 없이 음식을 먹던 엄마·아빠는 돼지로 변합니다. 치히로는 하쿠라는 남자 아이의 도움으로 신들이 사는 세계의 목욕탕에서 허드렛일을 하며 여러 가지 모험을 합니다. 그리고 하쿠의 이름을 찾아주어 저주에서 풀려나게 하고 자신도 수많은 돼지 중에서 엄마와 아빠를 찾는 시험을 무사히 통과해 마침내 집에 옵니다.

  대학교 1학년 시절 익산에서 올라온 친구와 둘이서 술에 취해 뻗은 친구를 집에 데려다 주기 위해 버스를 타고 강남에 간 적이 있습니다. 서울의 변두리에서 19살이 되도록 살다가 처음 만난 강남은 휘황찬란한 불빛으로 저의 넋을 빼놓았습니다. 저와 친구는 술에 뻗은 친구를 내려주고 다시 버스를 타고 강남을 빙빙 돌았습니다. 아직도 그때 만난 강남의 화려한 불빛을 잊지 못합니다. 가난한 집에 태어나 지방의 소도시, 혹은 서울의 변두리에 살던 우리에게 선망의 대상이 되었던 화려한 네온사인과 세련된 사람들...

  지금 강남을 보는 비강남 사람의 선망과 열등감 어린 시선이 그때 우리의 시선과 다르지 않다고 생각합니다. 경기도의 아파트 분양 광고에는 언제나 '강남까지 전철로 몇 십 분밖에 걸리지 않는다'는 문구가 빠지지 않습니다. 강남의 번화가에는 잘생긴 아이돌의 대형 사진이 걸린 연예 기획사의 멋진 건물과 그 건물 앞의 럭셔리한 카페에서 아메리카노를 마시며 언제 올지 알 수 없는 아이돌을 기다리는 수많은 아이들로 붐빕니다. 그렇게 부자와 가난한 사람을, 지방과 서울을, '금수저'와 '흙수저'를 서열화하는 천박한 자본주의 사회의 꼭대기에서 웃음 짓는 지역 강남은 주인 없는 음식을 게걸스레 먹다가 스스로 타인에 대한 공감이라는 인간성을 지우고 욕망만 가득 남은 '사람 아닌 것들'의 공간이 되었습니다.

우리의 잃어버린 이름인 '한성백제'의 기억을 욕망으로 지워버린 것이 바로 그동안 강남지역에서 벌어진 개발입니다. 1988년 평당 285만원이었던 강남의 아파트 가격은 2017년 4536만원으로 16배 뛰었습니다. 그동안 땀 흘려 일한 노동자의 임금은 월 36만원에서 241만원으로 6.7배 올랐을 뿐입니다.[60] 자본의 탐욕으로 지어대는 강남의 고층 아파트 건설은 땅밑에 잠자며 잃어버린 이름을 기억해 주길 바라는 수많은 문화유산을 파괴해 버렸습니다. 그리고 이러한 탐욕이 문화에까지 뻗쳐서 이제 문화도 돈이 된다는 인식 하에서 '문화융성'의 시대를 부르짖으며 유네스코 세계유산 등재를 시도하는 것은 아닌지 반성할 필요가 있습니다. 이러한 욕망 아래서는 한성백제의 온전한 모습을 기억하고 이를 우리의 정체성으로 만들어 내는 인간적인 사고와 교육이 이루어질 수 없습니다. 다만 세계유산이 되면 관광객이 늘어나서 경제가 발전한다는 계산기 두드리는 소리와 다른 나라의 거대하고 찬란한 세계유산과 비교해서 '역시 우리나라 문화는 초라해'라는 자기 비하 소리만 늘어날 뿐입니다. 이제 온전한 자신의 이름을 되찾기 위해 나의 다른 이름인 '너'로서 '한성백제사람'을 만나러 길을 떠나는 사람들이 많아지기를 바랍니다. 그 길에 이 책이 조그마한 안내서가 되기를 바랍니다.

---

60) 한국금융신문, '30년간 아파트값 상승분, 노동자 임금 대비 43배 차이', 2017.03.06.

참고 문헌

『漢城百濟史』,1~5, 2008, 서울특별시사편찬위원회.

『충남도민을 위한 백제사』, 2010, 충청남도역사문화연구원.

『익산 미륵사지석탑 사리장엄』, 2014, 국립문화재연구소.

『한성백제박물관』, 2012, 한성백제박물관 전시도록.

『꿈마을 백제이야기』, 2016, 몽촌역사관 전시도록.

『風納土城, 500년 백제왕도의 비전과 과제』, 2007, 국립문화재연구소
　　　국제학술대회 자료집.

『石村洞3號墳(積石塚) 復元을 위한 發掘報告書』, 1984, 石村洞遺蹟
　　　發掘調査團.

최영도, 2005, 『토기사랑 한평생』, 학고재.

한국의 박물관: 「기와」, 한국박물관연구회, 2005. 7. 10. 문예마당.

자오광차오, 마젠충 지음, 이명화 옮김, 2014, 『세상에서 가장 친절한
　　　중국 건축 이야기』, 다빈치.

강현숙, 2005, 「서울 지역 적석총에 대하여」, 『향토서울』 제66호, 서울
　　　특별시사편찬위원회.

권오영, 1997, 「보존이냐 지역개발이냐, 개발에 밀린 서울 강남의 백제
　　　문화」, 『역사비평』, 역사비평.

권오영, 2001, 「백제국(伯濟國)에서 백제(伯濟)로의 전환」, 역사와 현실
　　　40, 한국역사연구회.

권오영, 2010, 「서울 강남지역 백제유적의 가치와 활용방안」, 향토서울
　　　제75호, 서울특별시사편찬위원회.

권오영, 2012, 「한성기 백제도시의 경관」, 중부고고학회 정기학술대회,
　　　중부고고학회.

김기섭, 1990, 「백제전기 도성에 관한 일고찰」, ≪청계사학≫ 7.

김기섭, 2012, 「2천 년 고도 서울의 부활 한성백제박물관」, 『특집 동아시

아 역사도시를 가다』, 인천문화재단.

김기섭, 2012, 「2천 년 고도 서울의 부활 한성백제박물관」, 인천문화재
단.

김낙중, 2014, 「백제고고학사」, 제43회 한국상고사학회 학술대회.

김낙중, 2014, 「백제의 도성」, 『삼국시대 고고학개론1』, 진인진.

김상보, 2003, 「한성백제시대의 음식문화」, 『향토서울』 제63호, 서울특
별시사편찬위원회.

金元龍·林永珍, 1986, 『石村洞 3號墳 東쪽 古墳群 整理調査報告』, 서
울대학교박물관.

金元龍·李熙濬, 1987, 「서울 石村洞 3號墳의 年代」, 『斗溪李丙燾博士
九旬紀念韓國史學論叢』, 17~32쪽.

박선희, 2003, 「한성백제시대의 의류문화」, 『향토서울』 제63호, 서울특
별시사편찬위원회.

박천수, 2012, 「加耶, 新羅와 倭의 交涉을 통해 본 古代 韓日關係」,
『아시아의 고대 문물교류』, 서경문화사.

박천수, 2002, 「考古資料를 통해 본 古代 韓半島와 日本列島의 相互作
用」, 『한국고대사연구 27』, 한국고대사학회.

성정용, 2015, 「고대 기와의 제작기술과 변천 양상」, KOCW 역사고고학
강의자료.

신희권, 2007, 「風納土城의 都城構造 研究」 『풍납토성 500년 백제왕도
의 비전과 과제, 국립문화재연구소 국제학술대회자료집』.

심광주, 2012, 「한성백제의 증토축성에 대한 연구」, 『향토서울』 제76호,
서울특별시사편찬위원회.

임영진, 2005, 「서울 지역 고분의 종합적 고찰」, 『향토서울』 제66호,
서울특별시사편찬위원회.

이영식, 2004, 「가야와 왜, 그리고 임나일본부」, 『가야 잊혀진 이름 빛나
는 유산』, 혜안.

李亨求, 1984, 「漢江流域百濟前期首都遺蹟保存問題」, 『정신문화연구』, 1984 여름호, 121~148쪽.

조가영, 2013, 「석촌동 고분군의 새로운 인식과 해석」, 제13회 백제학회 정기발표회.

關野貞·谷井濟一·栗山俊一, 1914, 『朝鮮古蹟調査略報告』.

한국민족문화대백과, '한강', 한국학중앙연구원.

국립문화재 연구소, 2001, 『고고학사전』, '발굴'.

〈신문 기사〉

「미사의 노래와 가수 이인권의 삶, 이동순의 가요이야기 23」(영남일보, 2008. 9.02)

「낙랑군 평양설 매도한 재야사학에 뿔난 사학자들」(한국일보, 2016. 03.04.)

「풍납토성 발굴20년, 세계유산 조건 갖춰」(연합뉴스, 2017.04.20.)

「타임지가 분석한 '강남스타일'」, (아시아경제, 2012.9.30.)

「30년간 아파트값 상승분, 노동자 임금 대비 43배 차이」, (한국금융신문, 2017.03.06.)

「투기 개발에 저항하는 오금동 세입자들」, (월간 『말』 1986. 07. 31)

「철거현장에서 숨겨간 도시빈민」, (월간 『말』 1987. 05. 20.)

「풍납토성 5년내 토지보상... 5137억 투입」, (서울신문, 2015.12.24.)

〈참고 웹사이트〉

올림픽공원 홈페이지(http://www.olympicpark.co.kr/)

국가기록원, 「을축년 대홍수」, (http://www.archives.go.kr/)

서울재발견 서울스토리(http://www.seoulstory.kr/)

유네스코와 유산(http://heritage.unesco.or.kr/)

□ 자료 제공 및 소장처

국립중앙박물관

국립나주박물관

국립부여박물관

문화재청

몽촌역사관

수원화성박물관

한성백제박물관

기경량

한성백제 시간 여행자를 위한 친절한 안내서

지 은 이 김진호
초판 1쇄 발행   2019년 5월 1일

발 행 인 박종서
발 행 처 역사산책
출판등록 2018년 4월 2일 제25100-2018-000060호
주   소 (10477) 경기도 고양시 덕양구 은빛로 39, 401호(화정동, 세은빌딩)
전   화 031-969-2004
팩   스 031-969-2070
이 메 일 historywalk2018@daum.net
페 이 스 북 https://www.facebook.com/historywalkpub/

*잘못된 책은 바꾸어 드립니다.
*이 책의 무단 복제와 전재를 금합니다.

ISBN 979-11-964076-6-7 03910

값 15,000원

이 도서의 국립중앙도서관 출판예정도서목록(CIP)은 서지정보유통지원시스템 홈페이지
(http://seoji.nl.go.kr)와 국가자료종합목록시스템(http://www.nl.go.kr/kolisnet)에서
이용하실 수 있습니다. (CIP제어번호 : CIP2019012320)